緊急提言

法曹養成制度の問題点と解決策
—— 私の意見

法曹養成制度検討会議委員・弁護士
和田吉弘

花伝社

はしがき

　我が国の法曹養成制度のあり方については、平成24年8月21日の閣議決定により法曹養成制度関係閣僚会議が設置され、同会議は、その下に設けられた法曹養成制度検討会議における意見等を踏まえつつ、平成25年8月2日までに検討を加えて一定の結論を得ることとされた。そして、法曹養成制度検討会議は、月1回ないし2回開催され、平成25年4月9日の第12回会議までの議論に基づいて「中間的取りまとめ」を発表し、その後、5月13日までの間、これについてパブリックコメントの募集が行われた（「中間的取りまとめ」を含め、同会議の資料と議事録はインターネットで公開されている。http://www.moj.go.jp/housei/shihouseido/housei10_00001.html）。
　私は、その法曹養成制度検討会議の17人の委員の1人として、法曹養成に関する種々の問題について発言し、また意見書を提出する機会を与えられてきたが、その主張する内容は、ほとんどが残念ながら会議において委員の多数の支持を得るには至っておらず、単独の考え方であるか、せいぜい少数派の考え方であるにとどまっている。そのため、私見のほとんどは、上記「中間的取りまとめ」の内容となっていない。そこで、私は、私見を一つの意見書の形に簡潔にまとめて、第12回会議に提出した（http://www.moj.go.jp/content/000109751.pdf）。しかし、種々の制約から、そこに私が主張した意見の全部を載せるわけにはいかなかったため、私見の細部に関心を持っていただいた方には、さらに、インターネットで、各回の議事録における私の発言部分や提出した私の意見書を捜して個々的に参照していただくしかなかった。
　このような状況において、第12回会議までの私の発言や意見書の

主な部分を一つに集めた上で、それをまとめ、補足して冊子にしてはどうかというお話をいただいた。これをお引き受けして出来たのが本書である。そのような性格上、説明の濃淡に不揃いがあろうし、また限られた時間による作業で思わぬ不備もあるかもしれないが、これにより、私見について少しでも読みやすくなり、より多くの方の理解が得られるようになったのであれば幸いである。

　本書の作成に当たっては、花伝社の平田勝社長、同社編集担当の水野宏信氏には多大なご配慮をいただいた。心より感謝したい。

平成25年5月

　　　　　　　　　　　　　　　　　　　　　　　　　　和田　吉弘

緊急提言 法曹養成制度の問題点と解決策──私の意見 ◆ 目　次

はしがき　2

序章　法曹養成制度の概要とそのあり方をめぐる主な論点　7

1　法曹養成制度の概要　7
　(1)　法科大学院制度の創設　7
　(2)　司法試験についての変更　7
　(3)　司法修習についての変更　8
2　法曹養成制度のあり方をめぐる主な論点　8
　(1)　法曹人口について　10
　(2)　法科大学院について　10
　(3)　司法試験について　12
　(4)　司法修習について　13

第1章　法曹人口について　14

1　司法制度改革審議会の意見書の立場　14
2　現　状　16
　(1)　司法修習修了者の深刻な就職難　16
　(2)　法曹志願者の激減　17
3　現状についての分析　19
4　解決策　20
　(1)　司法試験合格者数の削減の必要　20
　(2)　司法試験合格率を上げるべきであるとする主張とこれに対する反論　21
　(3)　司法試験合格者数を削減する場合の問題点の検討　23
5　法曹人口大幅増加論に対する反論　25

(1) 「法曹に対する需要・必要性に関する観点」 25
   (2) 「いわゆる『就職難』との関係に関する観点」 27
   (3) 「法曹養成の状況に関する観点」 29
   (4) 「諸外国の動向との関係に関する観点」 30
   (5) 「隣接法律専門職種の存在との関係に関する観点」 31

第2章　法科大学院について　33

1　司法制度改革審議会の意見書の立場　33
2　現　状　35
   (1) ある視察の内容　35
   (2) 筆者が見聞きした内容　36
   (3) まとめ　39
3　現状についての分析　40
   (1) 学者教員における法曹養成過程の経験のなさ　40
   (2) 司法試験の受験指導の禁止の不合理　43
4　解決策　45
   (1) 最低限必要な2つの措置　45
   (2) 「答案練習」を含む受験指導に関する文科省の指導方針についての検討　47
   (3) その他　53

第3章　司法試験について　62

1　試験科目の限定等　62
2　受験回数制限の撤廃　65
   (1) 撤廃すべきであるとする理由　65
   (2) 制限を維持すべきであるとする主張とこれに対する反論　66

(3)　撤廃する場合の問題点の検討　72

3　予備試験の受験資格制限の不要等　73

　(1)　予備試験の実施状況等　73

　(2)　受験資格を制限すべきであるとする主張とこれに対する反論　74

第4章　司法修習について　78

1　前期修習の復活　78

2　給費制の復活　80

　(1)　2つのアンケート調査の結果　80

　(2)　給費制を復活すべきであるとする理由　81

　(3)　貸与制を支持する主張とこれに対する反論　83

第5章　終わりに　92

序　章
法曹養成制度の概要と
そのあり方をめぐる主な論点

　まず初めに、法曹養成制度についてあまりなじみのない読者の方のために、法曹養成制度の概要とそのあり方をめぐる主な論点についてごく簡単に説明を加えておく。分かりやすくするために枝葉の部分をかなり思い切って省略したものであるから、すでによくご存知である読者の方には、読み飛ばしていただいても差し支えない。

1　法曹養成制度の概要

　法曹三者（裁判官、検察官、弁護士）になるためには、一部の例外を除き、原則として、司法試験に合格した上で司法修習を受けなければならない。司法制度全体については、平成13年に、司法制度改革審議会によって意見書が作成されたところであるが、司法制度を支える人的基盤の整備ともいうべき法曹養成制度についても、その意見書の内容を指針として、主に次のような大きな変更があった。

(1)　法科大学院制度の創設
　大きな変更の1つは、法科大学院制度の創設であり、それまでは誰でも司法試験を受けることができたが、法科大学院制度の創設により、原則として法科大学院を修了した人だけが司法試験を受験できるようになったのである。法科大学院は74校が創設された。

(2)　司法試験についての変更
　司法試験については、上のように受験資格の変更があったほか、問

題の形式や受験科目についても見直しがあった。そこで、移行期には、従来の司法試験を「旧司法試験」、現在の司法試験を「新司法試験」と呼んでいたが、現在では移行期も過ぎ、旧司法試験制度が完全に終了したので、公式には新司法試験を「司法試験」と呼ぶこととされている。

司法試験の合格者数は、平成2年ころまでは年間約500人で、さらに増やすべきだとして平成12年ころには年間約1000人となっていたが（資料1）、司法制度改革審議会の意見書は、もっと大幅に増やすべきであるとして、平成22年ころに年間3000人となることを目指すべきであるとした。その旨の閣議決定までなされたが、現状は年間約2000人が合格になっている。

(3) 司法修習についての変更

司法修習については、以前は期間が2年であったが、その後1年半になり、法科大学院制度の創設とともに1年になった。

司法修習では、以前は、①教室で学ぶ「前期修習」、②実務の現場（裁判所、検察庁、法律事務所）で学ぶ「実務修習」、③実務修習を踏まえて再び教室で学ぶ「後期修習」という順で学ぶことになっていたが、法科大学院制度の創設とともに①の前期修習が廃止されている。

司法修習生の待遇は、以前は、給料を受け取ることができる「給費制」であったが、現在は、それが廃止され、必要な人には生活資金が貸与されるという「貸与制」になっている。

2　法曹養成制度のあり方をめぐる主な論点

法曹養成制度のあり方をめぐる主な論点は、次のとおりである。各論点について理解に資するように、法曹養成制度検討会議の「中間的取りまとめ」（本書「はしがき」参照）の立場と私見の立場は、それ

資料1　司法試験の合格状況

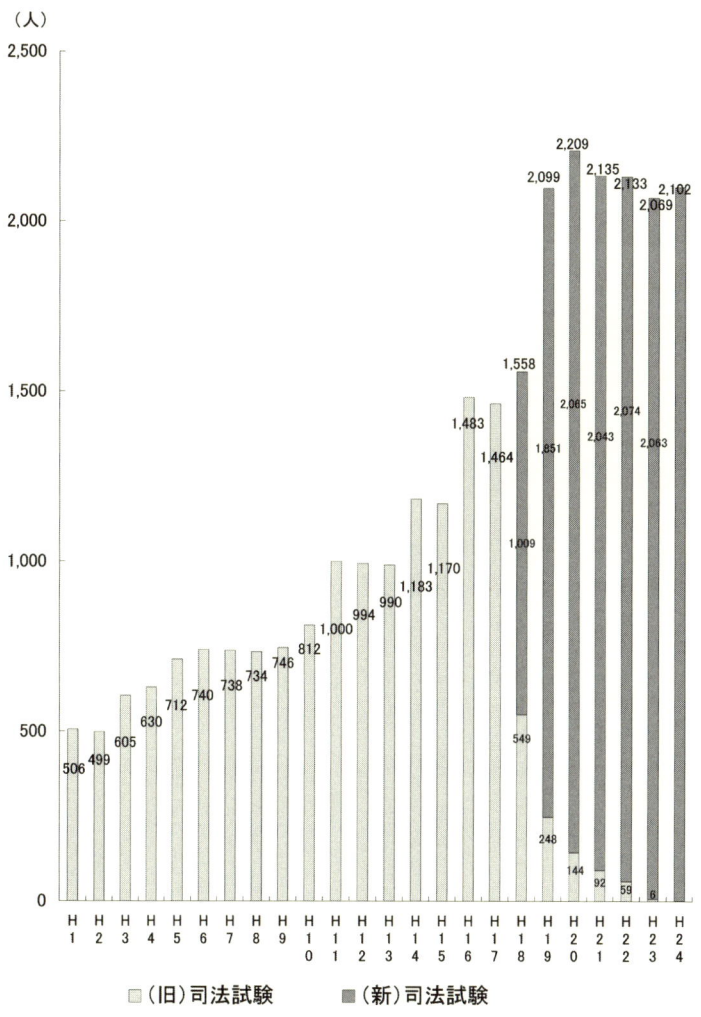

(注) H18～H23については、薄色の数値は（旧）司法試験、濃色の数値は（新）司法試験の合格者数である。
出典は http://www.moj.go.jp/content/000102262.pdf の5頁。ただし、カラーを白黒にしたため注記に手を加えた

ぞれについて明示しておくことにした。

(1) 法曹人口について

平成13年の司法制度改革審議会の意見書は、日本の法曹人口は少なすぎるとして、その大幅な増加を求めた。そのため、法曹三者の数は、10年前（平成14年）には約2万3000人だったのが、今では（平成24年現在）約3万7000人になっている（裁判官や検察官の増加率は抑えられているので、弁護士の増加率が、それらよりも高くなっている）（資料2）。なお、司法修習生のうち、司法修習後に裁判官や検察官になることが認められる人は、せいぜいそれぞれ毎年100人前後であり、毎年約2000人いる司法修習生のうちの大半の人は、弁護士になることになる。

法曹人口については、①＜司法試験の合格者数は、司法制度改革審議会の意見書どおり3000人を目指すべきであり、法曹人口はまだ少ない＞と主張する人もいるし、②＜現在でも大きな弊害が出ており、司法試験の合格者数をもっと減らすべきである＞と主張する人もいる（「中間的取りまとめ」は人数を決めないとする。私見は②）。日弁連は約1500人とすることを主張しているが、地方の弁護士会には1000人以下を主張するところも見られるようになってきている（私見は一応約1000人とする）。

(2) 法科大学院について

法科大学院では、3年間の未修者コースが原則で、法律の学力がある程度あると認められた人のために、2年間の既修者コースも設けられている。ただ、法学部を卒業しても、通常は、既修者コースに入学するほどの学力があるとは認められない。従来、既修者コースへの入学者の大半は、旧司法試験の受験生で合格に至らなかった人であったと思われる。

序　章　法曹養成制度の概要とそのあり方をめぐる主な論点　11

資料2　法曹三者の人口の推移

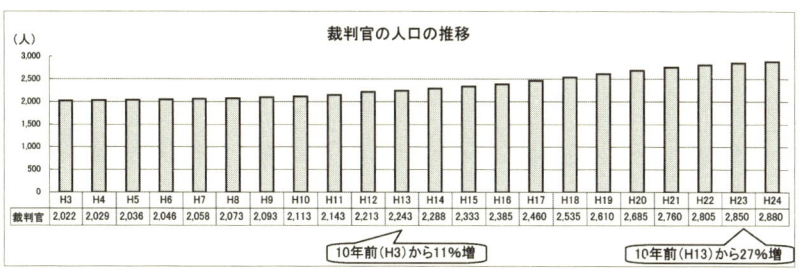

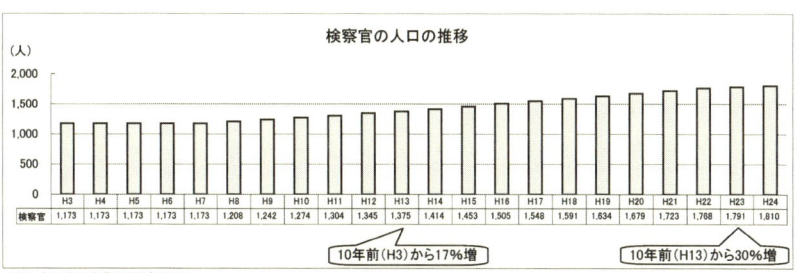

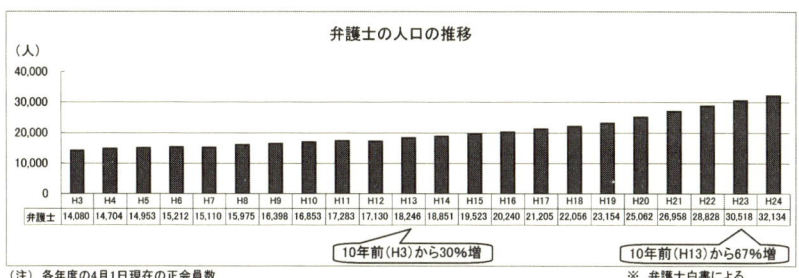

出典は http://www.moj.go.jp/content/000102262.pdf の4頁

法科大学院への志望者は年々減少していて、定員割れの法科大学院が多くなり、文科省は、補助金の削減を制裁の手段として、法科大学院に対して定員削減や統廃合を指導するようになった。現在では、数校が入学者の募集をやめて法科大学院を廃止することを表明している。

　法科大学院での教育については、①＜全体としては良いものであり、問題のある法科大学院は統廃合により整理すればよい＞という意見もあるが、②＜良い教育ができていないのに学生にとって多大な費用と時間がかかり、また経済的・時間的に余裕のない人にとって大きな参入障壁になっているから、法科大学院に行かなくても司法試験を受験できるようにすべきである＞という意見もある（「中間的取りまとめ」は①。私見は、法科大学院では少なくとも教員に法曹資格を要求しかつ受験指導を解禁すべきとし、現在のままであれば②）。

(3) 司法試験について

　司法試験については、主に、受験回数制限の問題と予備試験の受験資格の問題がある。

　　ア　受験回数制限の問題

　旧司法試験の時代には、誰でも何回でも司法試験を受験することができたが、現在では、司法試験の受験は法科大学院修了後3回または5年以内に限って許されることになっている。これは、もともと（新）司法試験の合格率は7～8割となるとして、普通に勉強している者であれば合格できるとして設けられた制限であるが、現在の司法試験の合格率の平均は2～3割になっている。

　この受験回数制限については、①現在でも維持すべきであるという意見もあるが、②＜酷な制度になっているから、撤廃すべきである＞という意見もある（「中間的取りまとめ」は①。筆者は②）。また、折衷的に少し緩和して5回または5年とすべきであるという意見もある。

　　イ　予備試験の受験資格の問題

司法試験は、原則として法科大学院を修了した人だけに受験資格が認められるが、「予備試験」という試験に合格した人は、法科大学院を修了していなくても司法試験の受験資格が認められる、とされている。予備試験は、もともと経済的理由で法科大学院に入学できない人等のためにと考えられたものであるが、現在の制度にとくに受験制限はないので、大学生等が、法科大学院を経由しないで司法試験を受験できるようにしたいと考えて、予備試験を受験することが多くなっている。

そこで、この予備試験について、①受験資格を制限すべきであるという意見もあるが、②受験資格を制限すべきではないという意見もある（「中間的取りまとめ」はもう少し様子をみるべきとする。筆者は②）。

(4) 司法修習について

司法修習については、給費制が廃止され貸与制に移行したことが大きく問題とされている。

この問題については、①＜給費制は、とくに弁護士志望の司法修習生については国民の理解が得られず、貸与制でもその後分割で返済していけるから問題はない＞という意見もあるが、②＜司法修習生には法律上司法修習専念義務があってアルバイトさえ許されず、また弁護士としても現在は就職難で収入も激減しているから、給費制を復活すべきである＞という意見もある（「中間的取りまとめ」は①。筆者は②）。なお、若い弁護士や法科大学院生等の中には、ビギナーズ・ネットという団体を組織して、司法修習生の給費制の復活を求める活動をしている人たちもいる。

第1章
法曹人口について

　以下、法曹養成制度についての私見を論ずる。論ずべき項目として、法曹人口、法科大学院、司法試験、司法修習を挙げる。そのうち、現在とくに問題となっている弁護士の深刻な就職難や法曹志願者の激減と大きく関わるのは、法曹人口の問題であると思われるので、まずこの問題について取り上げることにする。

　法曹人口については、司法試験の合格者数を早期に年間1000人程度にすべきであると考える。その理由を端的に言えば、現在の約2000人の合格者でも法曹需要に対して弁護士の供給過多で、弁護士の就職難が深刻化しており、そのことも大きな一因となって法曹志望者が激減しているという事態にあるからである。以下、敷衍する。

1　司法制度改革審議会の意見書の立場

　平成13年に作成された司法制度改革審議会の意見書は、法曹需要について、次のように述べていた（同意見書54頁。下線は筆者が付した）。

　　<u>今後、国民生活の様々な場面における法曹需要は、量的に増大するとともに、質的にますます多様化、高度化することが予想される</u>。その要因としては、経済・金融の国際化の進展や人権、環境問題等の地球的課題や国際犯罪等への対処、知的財産権、医療過誤、労働関係等の専門的知見を要する法的紛争の増加、「法の支配」を全国あまねく実現する前提となる弁護士人口の地域的偏

在の是正（いわゆる「ゼロ・ワン地域」の解消）の必要性、社会経済や国民意識の変化を背景とする「国民の社会生活上の医師」としての法曹の役割の増大など、枚挙に暇がない。

　ここでは、法曹需要が増大することが確実視されており、疑いのない所与の前提とされていることになる。そして、このような法曹需要の増大に対応するために、法曹人口も大幅に増加させる必要があるとして、次のように説いていた（同頁）。

　　これらの諸要因への対応のためにも、法曹人口の大幅な増加を図ることが喫緊の課題である。司法試験合格者数を法曹三者間の協議で決定することを当然とするかのごとき発想は既に過去のものであり、国民が必要とする質と量の法曹の確保・向上こそが本質的な課題である。
　　このような観点から、当審議会としては、法曹人口については、計画的にできるだけ早期に、年間 3,000 人程度の新規法曹の確保を目指す必要があると考える。……平成 22（2010）年ころには新司法試験の合格者数を年間 3,000 人とすることを目指すべきである。このような法曹人口増加の経過を辿るとすれば、おおむね平成 30（2018）年ころまでには、実働法曹人口は 5 万人規模（法曹 1 人当たりの国民の数は約 2,400 人）に達することが見込まれる。
　　なお、実際に社会の様々な分野で活躍する法曹の数は社会の要請に基づいて市場原理によって決定されるものであり、新司法試験の合格者数を年間 3,000 人とすることは、あくまで「計画的にできるだけ早期に」達成すべき目標であって、上限を意味するものではないことに留意する必要がある。

ここでは、法曹需要の増大を確実視していることから、法曹人口の増加をもたらす司法試験合格者数としての年間3000人は早期に達成すべき下限であって、市場原理により年間3000人を超える合格者数とすることも十分ありうる事態である、と想定していたわけである。

2　現　状

(1)　司法修習修了者の深刻な就職難

　司法制度改革審議会の意見書が発表されてから12年後の現在、同意見書の内容とは全く異なった現実が生じている。司法試験に合格して1年間の司法修習を終えた者が弁護士になろうとする場合に、年間約2000人でも深刻な就職難となっているのである。

　例えば、司法修習生が相当な数の法律事務所に履歴書を送っても内定を得るのに大変な苦労をする実態や、法律事務所が弁護士の求人の意思を示すと司法修習生が殺到する実態が報じられるようになっている（平成23年9月23日の東京新聞、平成24年4月20日の日経新聞、『自由と正義』63巻5号〔2012年5月号〕25頁）。

　また、実際、司法修習修了時においては、修了者のうち、平成23年12月の段階では約5人に1人の割合の者が、また平成24年12月の段階では約4人に1人の割合の者が、裁判官や検察官になる人以外で弁護士登録もしていない、という事態となっている。このような割合は、ここ数年で顕著に増加しているのである。この点については、司法修習修了後しばらくしてその多くの者も弁護士登録しているという指摘もあるが、無収入のままでいるわけにもいかず、かなり不利な条件で法律事務所等に採用してもらうことに甘んじたり、あるいは、弁護士としての経験がなく仕事を紹介してもらえる目途もないまま自宅を法律事務所として弁護士登録している、という者も多いようである。

さらに、総務省も、平成24年4月、「法曹人口の拡大及び法曹養成制度の改革に関する政策評価書」において、司法試験合格者が約2000人とされる現状でも弁護士の供給過多となり、就職難が発生していることを認めている。
　司法修習生は、法科大学院生や司法修習生としてすでに多額の借金を抱えている人が多く、法曹需要については最も切実で敏感であるはずである。上のような現状は、まさに社会の要請に基づく市場原理によって生じているものであり、弁護士の数が需要に比べて飽和状態になっていることを端的に示すものである。これは、いうまでもなく、司法制度改革審議会の意見書が全く予想していなかった事態である。司法制度改革審議会の意見書は、法曹需要の見通しについて、少なくとも結果的には全く誤った認識であったことになる。

(2) 法曹志願者の激減

　また、現状としては、法科大学院志願者の激減という事態も生じてしまっている。
　平成16年度の総志願者数が延べ7万2800人であったところ、平成25年度は延べ1万3924人で約5分の1になり、入学者の総数も2698人にとどまっている（資料3-1、資料3-2）。入学定員と入学者との関係から見れば、平成25年度は、法科大学院全体の93％である64校で定員割れとなっており、23校で10人に満たない入学者しかいない状態となっている。例えば、ある国立大学の法科大学院では、定員20人に対して入学者はそのわずか10分の1である2人、関西の著名なある私立大学の法科大学院でも、定員120人に対して入学者はその3分の1である40人にすぎない、と報じられている。さらに、すでに、入学者が僅少となった数校の法科大学院が、相次いで入学者の募集停止を発表するなどしている。
　良い法曹養成をするためには有為の人材を集めて良い教育をする必

資料3-1 志願者及び志願倍率について

(単位：人)

区分		国立	公立	私立	計
志願者数	H16	16,691 (22.9%)	2,425 (3.3%)	53,684 (73.7%)	72,800
	H17	9,884 (23.7%)	1,047 (2.5%)	30,825 (73.8%)	41,756
	H18	11,052 (27.4%)	1,493 (3.7%)	27,796 (68.9%)	40,341
	H19	12,453 (27.5%)	2,035 (4.5%)	30,719 (68.0%)	45,207
	H20	10,734 (27.1%)	1,897 (4.8%)	26,924 (68.1%)	39,555
	H21	8,113 (27.3%)	1,453 (4.9%)	20,148 (67.8%)	29,714
	H22	6,913 (28.8%)	1,206 (5.0%)	15,895 (66.2%)	24,014
	H23	7,005 (30.5%)	1,139 (5.0%)	14,783 (64.5%)	22,927
	H24	6,046 (32.8%)	815 (4.4%)	11,585 (62.8%)	18,446
	H25	4,615 (33.2%)	588 (4.2%)	8,721 (62.6%)	13,924

資料3-2 入学者数について（法学既習・未修の別）

(単位：人)

区分	国立			公立			私立			計		
	既修者	未修者	計	既修者	未修者	計	既修者	未修者	計	既修者	未修者	計
H16	737 (43.3%)	964 (56.7%)	1,701	76 (57.1%)	57 (42.9%)	133	1,537 (39.1%)	2,396 (60.9%)	3,933	2,350 (40.7%)	3,417 (59.3%)	5,767
H17	718 (40.5%)	1,055 (59.5%)	1,773	84 (64.6%)	46 (35.4%)	130	1,261 (34.6%)	2,380 (65.4%)	3,641	2,063 (37.2%)	3,481 (62.8%)	5,544
H18	740 (40.6%)	1,082 (59.4%)	1,822	83 (61.0%)	53 (39.0%)	136	1,356 (35.4%)	2,470 (64.6%)	3,826	2,179 (37.7%)	3,605 (62.3%)	5,784
H19	797 (44.5%)	994 (55.5%)	1,791	84 (59.2%)	58 (40.8%)	142	1,288 (34.1%)	2,492 (65.9%)	3,780	2,169 (38.0%)	3,544 (62.0%)	5,713
H20	761 (44.1%)	963 (55.9%)	1,724	82 (60.3%)	54 (39.7%)	136	1,223 (34.6%)	2,314 (65.4%)	3,537	2,066 (38.3%)	3,331 (61.7%)	5,397
H21	758 (47.3%)	845 (52.7%)	1,603	80 (58.4%)	57 (41.6%)	137	1,183 (38.1%)	1,921 (61.9%)	3,104	2,021 (41.7%)	2,823 (58.3%)	4,844
H22	703 (54.2%)	594 (45.8%)	1,297	73 (62.4%)	44 (37.6%)	117	1,147 (42.4%)	1,561 (57.6%)	2,708	1,923 (46.7%)	2,199 (53.3%)	4,122
H23	709 (55.0%)	580 (45.0%)	1,289	66 (62.9%)	39 (37.1%)	105	1,141 (51.3%)	1,085 (48.7%)	2,226	1,916 (52.9%)	1,704 (47.1%)	3,620
H24	698 (58.0%)	506 (42.0%)	1,204	70 (65.4%)	37 (34.6%)	107	1,057 (57.5%)	782 (42.5%)	1,839	1,825 (57.9%)	1,325 (42.1%)	3,150
H25	653 (59.4%)	447 (40.6%)	1,100	71 (74.7%)	24 (25.3%)	95	893 (59.4%)	610 (40.6%)	1,503	1,617 (59.9%)	1,081 (40.1%)	2,698

出典は http://www.mext.go.jp/b_menu/shingi/chukyo/chukyo4/012/siryo/__icsFiles/afieldfile/2013/05/13/1334787_06.pdf の1頁、2頁

要があるが、現状は、志願者が激減してそもそも有為の人材が十分集まらない状態になりつつあるわけである。有為な人材が集まりにくくなるということは、将来の司法が劣化するということであり、司法による国民の救済もあまり期待できなくなることを意味するから、このような現状には相当の危機感を持つべきである。これも、司法制度改革審議会の意見書が全く予想していなかった事態である。

3 現状についての分析

司法修習修了者の深刻な就職難は、需要と供給とで供給が上回ったことから生じているのであり、需要よりも供給が上回れば供給の単価は低下するのが経済法則上当然のこととなる。実際にも、司法修習修了者の就職難は、弁護士という職業の経済的な価値を大きく低下させていることになる。最近、平成23年の個人事業主としての弁護士2万7094人について、経費などを引いた所得が年間100万円以下である者が6009人（約22％）、100万円を超え500万円以下である者が5208人（約19％）となっている、と報じられた（平成25年5月9日の毎日新聞）。現在は、より悪化している状態であろう。

そして、需要が増えなければ、過剰な供給は減少して均衡を保つ方向に向かうことになるのであって、法曹養成の場合は司法試験合格者数というワン・クッションが入ってはいるが、法曹志願者の減少はその方向に向かう表れであるといえる。とくに法科大学院生や司法修習生として法律を学ぶのに多大な費用と時間がかかることを考えれば、法曹志願者はいっそう減少することになる。つまり、上のような現状については、これ以上の弁護士を必要とする現実の需要がないために、法科大学院等での多大な費用と時間がかかることに見合う魅力が弁護士という職業になくなりつつあり、そのことが志願者も激減している大きな理由となっている、とみるべきである。

弁護士という職業の経済的な価値というと次元が低い話と思われるかもしれないが、決してそうではない。これから法曹を目指そうかどうかを考える人は、収入を得て生活するための職業としてほかの職業との比較を当然行うわけで、とくに現在会社員や公務員等の職にある人は、今の職による収入や安定性との比較を当然するであろうし、大学生も、仕事のやりがいなどのほかに収入や安定性を考慮するのは当然だろうと思う。恐らく大学生の親としても、法科大学院に多額の費用がかかる上、たとえ司法試験に合格しても司法修習の貸与制で借金が増え、更に弁護士になるにも大変な就職難ということで、弁護士になるまでに多額な借金を抱える一方で弁護士になってからもあまり収入が得られる保証もないということであれば、その親が弁護士で子どもに事務所を継がせようとする場合でない限り、自分の子どもには弁護士になることを勧めない、あるいは弁護士になろうとする子どもを止めるということにもなるだろうと思う。法曹を目指すかどうかということを選択する人やその親は、そうした経済的な考慮も含めて本音で行動するのであるから、そういう本音を踏まえて検討すべきであるのは当然であろう。

4　解決策

(1)　司法試験合格者数の削減の必要

　有為な人材を法曹志願者として確保できるようにするためには、弁護士の数が需要に対して飽和状態にあることの解消が不可欠であり、弁護士の数を社会の需要に見合った数に絞る必要がある。需要と供給という経済法則の問題であり、需要が今後増大する可能性は否定できないが、従来の状況からすれば、組織内弁護士を増やす努力や法律扶助制度の予算を増やす努力等をしても、直ちに需要の顕著な増大までは見込めないであろう。

司法試験の合格者数については、平成24年12月の司法修習修了時点で約500人が裁判官や検察官になる人以外で弁護士登録もしていない人の数だったというのであるから、日弁連が従来主張しているように、現状の年間2000人から500人減らして1500人にするということも、一定の合理性があるかのように思える。しかし、司法修習修了時における弁護士未登録者の数は年々増加しているわけであるから、1500人でも多過ぎることは明らかであろう。そうであれば、司法制度改革審議会の意見書が少なくとも結果的に需要についての正しい予測を前提としていなかったことからすれば、とりあえず、同意見書が作成された平成13年当時の合格者数である年間約1000人に戻すことが考えられる。

　ただし、1000人でも、当面、平均的な自然減としてはかつて約500人ずつ合格した人の分が毎年減少していくにすぎず、その差の約500人ずつが毎年増加することになるので、法曹人口は現在の約3万7000人から毎年約500人ずつ増えることになる。そうすると、平成50年代には5万人を突破することが見込まれるので（資料4）、今後需要の増大が見られなければ、さらに合格者数を絞ることも検討すべきである。

(2) 司法試験合格率を上げるべきであるとする主張とこれに対する反論

　これに対して、法曹志願者が減少している理由として司法試験の合格率が2～3割と低いことを強調し、合格率が高くなれば法曹志願者も増えると考えて、むしろ現状以上に合格者を増やすべきであるとする主張もある。

　確かに、司法試験の合格率は、受験生が法曹になれる割合をほぼ示しているから、それを高くすれば法曹になれる確率が高くなり、法曹を志望する人が増えるようにも思われる。法科大学院制度を導入した

資料4　今後の法曹人口についてのシミュレーション

(単位：人)

	仮定 平成25年以降司法試験 年間1,000人合格			43年前 修習終了者	国民人口推計
	新規法曹資格者（前年の司法試験合格者数）	法曹三者総人口	法曹1人当たりの人口		
平成24年　(2012)	2,069	36,824	3,462	516	127,498,000
平成25年　(2013)	2,102	38,414	3,313	512	127,247,000
平成26年　(2014)	1,000	38,908	3,263	506	126,949,000
平成27年　(2015)	1,000	39,413	3,212	495	126,597,000
平成28年　(2016)	1,000	39,920	3,161	493	126,193,000
平成29年　(2017)	1,000	40,414	3,111	506	125,739,000
平成30年　(2018)	1,000	40,871	3,064	543	125,236,000
平成31年　(2019)	1,000	41,334	3,017	537	124,689,000
平成32年　(2020)	1,000	41,850	2,965	484	124,100,000
平成33年　(2021)	1,000	42,387	2,913	463	123,474,000
平成34年　(2022)	1,000	42,922	2,861	465	122,813,000
平成35年　(2023)	1,000	43,468	2,809	454	122,122,000
平成36年　(2024)	1,000	43,984	2,760	484	121,403,000
平成37年　(2025)	1,000	44,485	2,712	499	120,659,000
平成38年　(2026)	1,000	45,002	2,664	483	119,891,000
平成39年　(2027)	1,000	45,566	2,614	436	119,102,000
平成40年　(2028)	1,000	46,119	2,565	447	118,293,000
平成45年　(2033)	1,000	48,780	2,336	489	113,970,000
平成50年　(2038)	1,000	51,033	2,141	633	109,250,000
平成55年　(2043)	1,000	51,629	2,019	1,530	104,253,000
平成59年　(2047)	1,000	51,483	1,945	1,178	100,158,000
平成60年　(2048)	1,000	51,296	1,933	1,187	99,131,000
平成65年　(2053)	1,000	45,613	2,061	2,144	93,993,000
平成70年　(2058)	1,000	42,290	2,100	H27新規法曹有資格者	88,826,000

(注)
1　法曹三者総人口＝前年の法曹三者総人口＋新規法曹資格者－43年前修習終了者の計算式により算出。
　　ただし、平成24年は、同年度の裁判官の定員（簡易裁判所判事を除く。）及び検察官の定員（副検事を除く。）並びに同年4月1日現在の弁護士数（正会員数）を加えた数字。
2　法曹資格取得者は、実働期間を43年間として、43年後に法曹でなくなると仮定。
3　国民人口推計は、国立社会保障・人口問題研究所「日本の将来推計人口　出生中位（死亡中位）推計」（平成24年1月推計）によるもの。

出典は http://www.moj.go.jp/content/000102271.pdf

際、司法試験の合格率が7〜8割となることが伝えられ、当初は多くの法曹志願者が現れたのに、その後司法試験の合格率がそれほど高くはないことが明らかとなり、それとともに法曹志願者が減少したと見ることもできる。

しかし、旧司法試験の時代においては、合格率が2％でも志願者が大多数に上っていたことからすると、法曹を志望するかどうかは単に合格率だけの問題ではない。

また、では現状において合格率を上げれば志願者が本当に増えるかというと、もし司法試験の合格率を上げるためにその分子である合格者数を増やした場合には、さらに就職難が激化することになるのであり、弁護士という職業の経済的な価値がさらに低下するから、たとえ合格率が高くても、多大な時間と費用とをかけて弁護士になろうとする人が増えるとは思えず、結局、むしろ志願者がさらに減少するに至るものと思われる。司法試験の合格率を上げれば志願者が集まるという主張は、弁護士という職業の経済的価値はいかに数を増やしても低下しないという経済原則を無視した考え方で、かつ法科大学院等における費用や時間を十分考慮しない考え方であるように思われる。

反対に、司法試験の合格率を上げるためにその分母である受験者数を減らすという方法は、後述するように、むしろそのための法科大学院の統廃合が法曹志願者の激減に追いつかないのが現状であり、やはり法曹志願者を増やすことにつながらないであろう。

(3) 司法試験合格者数を削減する場合の問題点の検討

司法試験の合格者を現在の年間約2000人から約1000人に減らすとなると、司法試験の合格率は半減することになり、短期的には法科大学院志願者がさらに減少することも予想される。また、司法試験の合格者を現状より大幅に減少させることは、現在の制度を前提とする法科大学院生や修了生の期待に大きく反することになり、この点が最も

苦慮する問題点となる。

しかし、もし当面のことのみを考え司法試験の合格者数を現状か現状とあまり変わらない数字にしておいた場合には、状況は悪化する一方であり、司法の衰退を止める将来の展望は開けないであろう。これに対して、合格者数を年間1000人程度にすれば、法科大学院の体制をどうするかという問題はあるとしても、弁護士という職業の経済的な価値のこれ以上の急激な低下は防ぐことができ、将来の展望はかろうじて開けるように思われる。現在の制度を信じて入学した法科大学院生や修了生に対してはまことに断腸の思いであり、一定の経過措置等何らかの救済を考えるべきであるとも思うが、法科大学院の3年とその後の受験資格が認められる5年との計8年の間、現状のままにできるような状況にはない。国としては、司法の機能低下を回避し国民の信頼に足りる司法を守るために、一刻も早く合格者数を大幅に減少させる苦渋の選択をせざるをえない状況に追い込まれているのである。より早期に問題解決を図らずにこのような困難な状況を招いた国の責任は大きい。

なお、司法試験の合格者数を年間約1000人とした場合、もし法科大学院の修了を司法試験受験の要件としたままであれば、法科大学院の規模については、司法試験の合格率を7～8割とすることや予備試験の合格者のことを考えた上で、定員100人で10校程度か、定員50人で20校程度か、あるいはその中間的なものにするか、というところが想定されることになる。ただ、後述するように、私は、現状の法科大学院のままではその修了を司法試験受験の要件から外すべきであると思うので、それを前提にすれば、法科大学院の定員や設置数は任意で構わないということになる。

5 法曹人口大幅増加論に対する反論

　法曹人口については、従来、大幅に増加させるべきであるとする立場とそうでない立場とがあり、私見が後者の立場であることは言うまでもない。ここでは、前者の立場を挙げた上で、それに対して後者の立場から反論を加えておくこととしたい。法曹養成制度検討会議の第10回会議において提出された資料2（「法曹人口について議論されている観点・指摘の例」。http://www.moj.go.jp/content/000108948.pdf）には、前者の立場の論拠となる指摘も要約として示されているので、それを用いることにする。

　なお、後者の立場も、司法試験の合格者数を500人よりも多いことを前提とする以上、一般に法曹人口の増加を認めるのであり、今のところ法曹人口を減少させることを主張するものではないが、今後の状況の推移によっては、法曹人口を減少させる必要が生じる可能性は否定できないであろう。

(1)　「法曹に対する需要・必要性に関する観点」
① 　「多様な経済的・社会的活動に法曹が関与することを通じて、これまで埋もれていた様々な問題が法的紛争として構成され、法曹需要が顕在化することになる」という指摘について
　新たな法曹養成制度が創設されてからこれまでの間、関係者の努力にもかかわらず、法曹人口が増えても法曹需要の増加は認められなかったのであるから、法曹人口を増やすことによって法曹需要が顕在化するという主張はもはや説得力に欠けるというべきである。上記の指摘に根拠がないことは、これまでの現実が優に証明してしまっている。上の指摘の「埋もれていた様々な問題」が何を意味するのかは明らかではないが、法曹需要が「埋もれている」と言っても、顕在化し

なければ法曹需要がないのと同じであり、顕在化することが期待できない需要は、「埋もれている」と表現するのも妥当ではないであろう。

　弁護士も霞を食べて生きていくことはできない以上、医師の場合と異なって保険制度もない状況では、弁護士が生活を維持しながら扱うことができる法曹需要は限定的とならざるを得ないのである。もし細かな需要もあるとして国民の利益保護の見地からそれにも法的に対応すべきであるとするのであれば、法律扶助制度の抜本的拡充等という弁護士の大幅増員以外のことをまず考えるべきである。また、例えば、判決を取得しても財産開示制度が不備であるために強制執行に不都合があったり、家庭裁判所の裁判官が足りないなどのために裁判所の手続の進行が非常に遅かったり、インターネット上の被害の法的な回復が法の不備などで困難であったり、警察が従来告訴を事実上受理するのにきわめて消極的であったり、労働基準監督署も十分な機能を果たしていなかったりするなど、紛争はあっても、弁護士数の増加とは別の問題が理由で解決が困難であることも多いことを、改めて認識すべきであろう。

②　「身近に弁護士がおらず、アクセスすることが困難な市町村は多い」という指摘について

　①について触れたように、少なくとも弁護士として食べていける状況になければ、その場において弁護士としての職業は存立しえない。上の②の指摘は、やはり保険制度のある医師の場合と状況が大きく異なることを無視しているように思われる。もし「身近に弁護士がおらず、アクセスすることが困難な市町村」において弁護士としての仕事をすべきであるというのであれば、弁護士になるまでに数百万円から一千万円にも上る費用と数年間の時間をかけたことに見合う仕事があることを実際に示すべきであろう。

③　「従来型の法廷活動ではなく、企業や行政など多方面での活動領域を広げていくには、法曹人口の大幅な増加が必要である」という

指摘について

上の①や②の指摘についても言えることなのであるが、企業や行政などの領域で法曹人口の大幅な増加が必要というのであれば、法曹需要については司法修習生が最も切実で敏感であるはずなのに、なぜ司法修習修了時に弁護士未登録の司法修習生が数百人にも上り、それが毎年増加しているのであろうか。従来、一定数の弁護士が企業や行政などの領域で活動するようになったことは認められるが、今後、企業や行政などが、司法修習修了時に就職できていない毎年数百人もの新人弁護士を吸収するというのは、明らかにあり得ない状況である。

とくに地方公共団体の場合は、任期付きの採用がほとんどであるが、地方公共団体の財政難と、多額の借金を抱えつつ就職先が自由に選べることができない司法修習生の窮境を前提にした現状というものは、法曹人口の大幅な増加を必要とするような状況とは大きくかけ離れたものである。

(2) 「いわゆる『就職難』との関係に関する観点」

① 「OJT不足への対策は必要であるが、OJT体制が不十分という理由で、資格取得能力がある人材にも資格を与えないのは、不適切である」という指摘について

弁護士を志す者は、一般に、司法修習修了後、法律事務所に採用してもらい、給料をもらいながらその法律事務所のために働く（いわゆるイソ弁。この言葉は「居候弁護士」の略である）。そこで先輩弁護士から実務上の細々としたことまで指導を受けながら、仕事の仕方を覚えていくのである。これが新人弁護士についてのOJT（on-the-job training）である。そして、その後、既存の法律事務所の経営側の弁護士（パートナー）になったり、独立して自分の法律事務所を開設したりするのが普通である。

現在、法科大学院や司法研修所では、実務家として必ずしも十分な

訓練がされていない状態になっている。実務の現場を見る司法修習でも、人数が多く期間が短いため、訴状や判決を書く訓練よりも法的問題の要点が分かればよいとされることも多いようで、司法修習を修了しても満足な訴状や準備書面が書けない若手弁護士が増えているという指摘もされるようになった。そのような状況において、法律事務所におけるＯＪＴは、実務家の実力向上に直結した、法曹養成のより重要なプロセスと言うべきものになっている。

　しかし、現在、新人弁護士の急増により、法律事務所に採用されず初めから自分で自宅等を法律事務所として弁護士業務を始める者も増えており、そうした弁護士はＯＪＴを受けられないことになる。弁護士会等で、そのような新人弁護士に対して仕事上の助言をすることができる弁護士を用意しているようなところもあるが、同じ事務所の先輩から日常的に指導を受けるものに及ぶものではない。

　そうすると、弁護士は顧客のために法律事務を行う職業であるところ、ＯＪＴが不十分であるとなると、そうした弁護士によってその顧客となる国民に不利益が及ぶことになるが、それでいいのだろうか。ＯＪＴ体制が不十分のままそれと無関係に法曹資格者を増加させることを認める上の指摘は、国民の利益という観点を全く忘れた議論であると言うべきであろう。

② 「資格を取得すれば生活が保証されるわけではないことは、どの資格でも同じである」という指摘について

　法曹資格が他のあらゆる資格と同じ扱いでいいというのでは、司法を支えるに足りる人材を確保することができなくなるであろう。まして、法曹資格の場合には、資格を取得するのに、すでに勤めている勤務先を退職したり、法科大学院などで数百万円ないしはそれ以上の費用がかかるのであるから、一般の多くの人は、法曹を職業の進路としては考えないことになろう。つまり、法曹資格を取得しても基本的に生活が保証されないのであれば、多大な時間と費用のかかる法科大学

院に人は集まらず、現在の法曹養成制度の前提を欠くことになる。現在の法曹養成制度を維持しようとする立場から、上の②のような主張がされるのであれば、大きな矛盾があると言うべきである。

(3) 「法曹養成の状況に関する観点」
① 「新しい法曹養成制度の下では、これまで多数の優秀な法曹が輩出されてきた」という指摘について

　この指摘は一定限度で認めるが、「法科大学院の教育によって」多数の優秀な法曹が輩出されたとは言えないであろう。なぜならば、後述するように、法科大学院における教育は、現状では、残念ながらその多くが司法試験にも実務にもあまり役に立たないものであるからである。法科大学院において、法曹養成の意欲と教育力を備えた一部の教員によって一定の教育の成果があったことは否定できないが、優秀な法曹になった者たちの存在は、主に、法科大学院に入学する前に旧司法試験を目指して続けてきた学習に加えて、法科大学院在学中や修了後に自らの努力で学習を続けたことによるもの、と言うべきであるように思われる。

　むしろ、新しい法曹養成制度によって、弁護士の就職難が生じただけでなく毎年それが激化しつつあること、法曹志願者も激減していることなどの大きな弊害が生じてしまっていることは、決して見過ごすことができない。

② 「従来型の法廷弁護士としての基礎知識だけで質を判断すべきではない」という指摘について

　この指摘は、「従来型の法廷弁護士としての基礎知識」が不十分でも、他の知識や素養を考慮すれば法曹としての質は劣ることにはならない、という意味であると理解される。

　しかし、法廷外の弁護士活動も、最終的に法廷に持ち込まれた場合にはその事案が裁判所によってどのように判断されるか、ということ

を念頭に置きながら行う必要があるのは当然であり、法廷弁護士としての基礎知識さえ不十分であるというのであれば、それは法曹とは言えないであろう。

③ 「広く資格を与えると、良い人材が入りやすくなり、業界の質は向上する」という指摘について

　この指摘は、おそらく、旧司法試験制度では、旧司法試験の合格率が2％前後で法曹になる門がきわめて狭かったために良い人材で逃げる人もいたという認識の下に、門を広げれば、良い人材が逃げなくなって法曹の世界に入ってくることになり、望ましいことになる、ということを言っているのであろう。

　しかし、この指摘では、広く資格を与えた場合に「良い人材」とは言えない人材が入りやすくならないのか、という観点が完全に抜け落ちている。一般の常識からすれば、資格のハードルを下げて広く資格を与えた場合には、良い人材以上にそうとは言えない人材が入りやすくなると言うべきであるから、明らかに常識に反する指摘である。例えば大学入試という関門についても、「広く大学の入学許可を与えると、良い学生が入りやすくなり、その大学の学生の質は向上する」などとは言えないのであり、それと同じ話である。

(4) 「諸外国の動向との関係に関する観点」

　「世界各国の弁護士動向と比較して、日本は劣勢にある」という指摘について

　この指摘は、日本の法曹人口が先進諸国との比較において少ないことを意味するものであるが、日本では司法書士等の隣接職種が大きく活動していることを無視ないし軽視したものである。その意味で、諸外国と単純に比較して劣勢にあるなどとすることはできない。

(5) 「隣接法律専門職種の存在との関係に関する観点」
　「税務、特許、登記、労務、外国人登録などにおいても、訴訟段階に限らず、弁護士が担うべき役割は大きい」という指摘について
　この指摘については、「担うべき」とする範囲が不明確であるばかりか、実際上、多くの弁護士が法科大学院での学習程度でそれらの分野について重要な役割を担えるかも、疑問が大きい。
　また、この指摘については、そもそも弁護士と税理士や弁理士などの隣接職種との関係をどのように考えるのかもはっきりしない。法曹需要が増大しない中で、税務、特許などの関係でも弁護士が担うべき役割は大きいとすることで弁護士の数の大幅な増加を主張するのであれば、それは、弁護士の数の増加によって税理士、弁理士などを少なくとも一定範囲で排除すべきである、あるいは排除することになっても仕方がない、ということになるのであろう。
　しかし、それは、弁護士と隣接職種との関係をどうするかという根本的な議論を要する話である。ちなみに、この関係の問題について、司法制度改革審議会の意見書は、次のように述べている（78頁）。

　　弁護士と隣接法律専門職種との関係については、弁護士人口の大幅な増加と諸般の弁護士改革が現実化する将来において、各隣接法律専門職種の制度の趣旨や意義、及び利用者の利便とその権利保護の要請等を踏まえ、法的サービスの担い手の在り方を改めて総合的に検討する必要がある。しかしながら、国民の権利擁護に不十分な現状を直ちに解消する必要性にかんがみ、利用者の視点から、当面の法的需要を充足させるための措置を講じる必要がある。
　　このような観点に立ち、訴訟手続においては、隣接法律専門職種などの有する専門性を活用する見地から、少なくとも、司法書士の簡易裁判所での訴訟代理権（簡易裁判所の事物管轄を基準と

して、調停・即決和解事件の代理権についても同様)、弁理士の特許権等の侵害訴訟(弁護士が訴訟代理人となっている事件に限る。)での代理権については、信頼性の高い能力担保措置を講じた上で、これを付与すべきである。

このように、司法改革審議会の意見書でさえ、上記のような指摘を弁護士の大幅な増加の論拠としているわけではなく、むしろ弁護士人口の大幅な増加等が現実化するという将来を前提に、隣接職種との関係を総合的に検討する必要があるとしていたにすぎない。むしろ、同意見書では、当面の問題としては、司法書士等の訴訟代理権については認めるということで、隣接職種の活動範囲を拡大する方向が議論されているのであり、弁護士の大幅な増加によって隣接職種のほうが圧迫されることを是認するような方向の議論は見られないのである。

そうだとすると、隣接職種との関係のさらなる検討なしに、上のような指摘を弁護士の数の大幅な増加を主張する論拠とすることは、できないというべきであろう。

第 2 章
法科大学院について

1 司法制度改革審議会の意見書の立場

　前述の司法制度改革審議会の意見書は、法科大学院を創設すべきであるとし、次のような説明をしていた（同意見書 57 頁以下）。
　まず、「21 世紀の司法を支えるにふさわしい質・量ともに豊かな法曹をどのようにして養成するか」という課題を提示し、旧司法試験制度について次のような問題点を指摘した（下線は筆者が付した）。

　　……現行の司法試験は開かれた制度としての長所を持つものの、合格者数が徐々に増加しているにもかかわらず依然として受験競争が厳しい状態にあり、受験者の受験技術優先の傾向が顕著となってきたこと、<u>大幅な合格者数増をその質を維持しつつ図ることには大きな困難が伴う</u>こと等の問題点が認められ、その試験内容や試験方法の改善のみによってそれらの問題点を克服することには限界がある。

　その上で、法学部教育の抜本的改善で対応することは現実的妥当性に乏しいとして、次のように法科大学院を設けるべきであるとした。

　　……前記のような現行制度の問題点を克服し、司法（法曹）が 21 世紀の我が国社会において期待される役割を十全に果たすための人的基盤を確立するためには、法曹人口の拡大や弁護士制度

の改革など、法曹の在り方に関する基本的な問題との関連に十分に留意しつつ、司法試験という「点」のみによる選抜ではなく、法学教育、司法試験、司法修習を有機的に連携させた「プロセス」としての法曹養成制度を新たに整備することが不可欠である。そして、その中核を成すものとして、大要、以下のような法曹養成に特化した教育を行うプロフェッショナル・スクールである法科大学院を設けることが必要かつ有効であると考えられる。

さらに、その法科大学院の教育理念として、次のような説明をしていた（同意見書58頁）。

　法科大学院における法曹養成教育の在り方は、理論的教育と実務的教育を架橋するものとして、公平性、開放性、多様性を旨としつつ、以下の基本的理念を統合的に実現するものでなければならない。
　・「法の支配」の直接の担い手であり、「国民の社会生活上の医師」としての役割を期待される法曹に共通して必要とされる専門的資質・能力の習得と、かけがえのない人生を生きる人々の喜びや悲しみに対して深く共感しうる豊かな人間性の涵養、向上を図る。
　・専門的な法知識を確実に習得させるとともに、それを批判的に検討し、また発展させていく創造的な思考力、あるいは事実に即して具体的な法的問題を解決していくため必要な法的分析能力や法的議論の能力等を育成する。
　・先端的な法領域について基本的な理解を得させ、また、社会に生起する様々な問題に対して広い関心を持たせ、人間や社会の在り方に関する思索や実際的な見聞、体験を基礎として、法曹としての責任感や倫理観が涵養されるよう努めるととも

に、実際に社会への貢献を行うための機会を提供しうるものとする。

2 現　状

　私は、これまで様々なところで法科大学院の実態を見聞きしてきたが、現状は、全体としては、司法制度改革審議会の意見書に高らかに掲げられた理念とはかなりかけ離れたものになっているように思う。教員によってはあるいは大学によっては、一部に良いものもあるとは思うものの、全体として見た場合には法曹養成として適切なものであると言い難い。具体的には、率直に言って、現在の法科大学院における教育は、全体的に見て司法試験の受験にもあまり役に立たず、実務をする上でもあまり役に立たないという内容が多過ぎるということである。それをさらに具体的に述べたいと思う。

(1)　ある視察の内容

　前川清成参議院議員は、平成24年の4月と5月に、民主党の法曹養成制度検討プロジェクトチームのメンバーと法科大学院の視察を行ったそうである。それを記載した同議員のホームページ（http://www.maekawa-kiyoshige.net/active.html）には、法科大学院の授業について次のような記載がある。

　まず、ある法科大学院の民法の授業について、「90分の授業のうち、私たちが傍聴した前半45分は『意思表示とは、動機に導かれて、効果意思が発生し、意思表示、表示行為に至る』等と、実務では何ら役に立たない観念論が、あたかも『お経』のように延々と続きました。」とあり、また、「六法を開くことは1度もなく、条文に言及することもありません。『民法』の授業なのに。何のための『法科大学院』だったのでしょうか。従前の法学部教員の悪いところを凝縮したよう

な、つまりは実務に役立たない、学者のオタク的な関心事項だけを学生に押しつけるような授業だったと言えば、言い過ぎでしょうか。」とある。

　また、別の法科大学院の憲法の授業について、「教員の話は飛びまくり、かつ、何について話しているのかも説明しないまま、『芦部説によると…』だとか、そもそも法科大学院以前のレベルです。小学校の先生なら、保護者からのクレームで、必ずクビだと思います。」とあり、また、「法解釈ですから、まずは条文に則して問題点を指摘し、次いで、理由を示した上で結論をハッキリ述べて、その後、事案に当てはめるというのが、法解釈における『三段論法』ですが、その片鱗さえありません。」とある。

　ここでは、明らかに、司法制度改革審議会の意見書にあった「法学教育、司法試験、司法修習を有機的に連携させた『プロセス』としての法曹養成制度」の中核を成すような教育がされているものとも思えないし、「理論的教育と実務的教育を架橋する」ような教育がされているものとも思えない。

(2)　筆者が見聞きした内容

　まず、法曹養成の現場を知っているという私の話の信憑性にも関係することとして、恐縮ながら簡単に私の略歴に触れさせていただこうと思う。

　私は、現在弁護士という肩書を持っているが、これまで法律の世界で様々なことをしてきた。司法修習修了後は明治学院大学法学部に勤務していたが、退職して裁判官になり、東京地方裁判所に勤務して通常の民事訴訟を担当していた。裁判所では、司法修習生に対して一定の指導もしていた。その後、青山学院大学から法科大学院の手伝いをしてほしいとの話があったため、裁判官を退官し、青山学院大学の法科大学院で専任教授として民事訴訟法等の教育に携わっていた。青山

学院大学には6年間勤めていたが、現在はその青山学院大学も退職して、弁護士その他の活動をしているということになる。青山学院大学以外に、九州大学の法科大学院、筑波大学の法科大学院の非常勤講師や、司法試験の予備校の講師を何度も務めたことがあり、それらの際にも、学生や受講生らから、その友人たちの法科大学院を含め多くの法科大学院の話を聞く機会に恵まれた次第である。

ア　日弁連法務研究財団ニューズレターに掲載した内容

私は、見聞きしてきた法科大学院についての出来事の一部を日弁連法務研究財団のニューズレターに投稿して掲載していただいたことがある。それには、次のような例を挙げた(同ニューズレター46号11頁)。

(1)　ある法科大学院では、1年次の基本科目で、ある学者教員が自分の好む分野に重点を置いた授業を行い、学生に基礎的な学力を付けさせなかったため、学生らは、2年次にその科目の演習科目を担当した実務家教員から、「お前らは何を勉強してきたんだ。」とひどく怒鳴られたそうである。学生からすれば、同じ法科大学院でなぜ連携の取れた教育をしてくれないのか、と大きな疑問を感じたそうである。

(2)　また、別の法科大学院では、ある学者教員が実務から遠い自分の研究分野を集中的に取り上げ、レポートの課題もそこから出題されて学生にとって大きな負担となったため、勉強熱心な真面目な学生らが、学者教員の関心に偏らない授業を要望したところ、その学者教員から「それは予備校主義だ。」と拒否されたそうである。

(3)　さらに、別の法科大学院では、受験指導をするなという文科省に忠実であるべきだとして、とくに学者教員から、自学自習の名の下に、司法試験に合格するための準備は学生が勝手にやるべきだということが強調されている、という話である。

イ　その他の例

　ほかにも、法科大学院の学生や修了生らからいろいろな例を聞いている。

　ある法科大学院の民法の授業では、出席強制で学生は数多く出席しているが、その学者教員が、司法試験にも実務にもおよそ関係がないような自分の研究分野のことしか授業で扱わないために、教室の最前列の学生しか授業を聞いておらず、それ以外の学生は自分で司法試験の勉強という内職をしているという。また、そういう状態を教員も学生も知っていて、互いに何も言わないという。ただ、そういう授業でも、教員が学生に内職をやめろと言わないだけ、まだ学生にとっては有り難い授業だということのようである。

　また、例えば、憲法のある教員は、憲法の30時間の講義の中で、国会についての講義は1時間のみで、また憲法の分野できわめて重要な違憲審査基準も教えなかったという。民法のある教員は、民法総則の講義で、その時間の多くをテーマの一つにすぎない錯誤に使い、期末試験でも繰り返し錯誤から出題していたというし、民事訴訟法のある教員は、これも民事訴訟法の分野できわめて重要な多数当事者訴訟の制度を全く取り上げなかったという。もし正しい実態調査をすることができるとすれば、これらと同様の数多くの例が横行していることが明らかになるであろう。

　そもそも、研究論文は執筆することができても初学者に分かりやすく教えることなど全くできないという教員や、自分の狭い専門以外のところになると、学生に教える基本的な知識も不正確で勉強の進んだ学生から間違いを指摘されることもある、という教員も珍しくはないようで、これらについても学生らの不満が大きい。

　新聞記事においても、平成24年7月5日の東京新聞や同年8月24日の日経新聞には、法科大学院の授業は司法試験にも実務にも役立たないものであった、という法科大学院修了生らの感想が報じられてい

る。
　ウ　ある法科大学院の研究科長の言葉
　なお、私自身が直接経験したことであるが、法科大学院の教員に法曹養成の熱意がないことを象徴的に示す出来事があった。
　平成23年の秋、私はある法科大学院の研究科長と雑談をする機会があった。そのとき、私は、法科大学院での教育は非常に重要だということを言い、それを具体的にいろいろとお話しした。ところが、その研究科長は、「和田さん、なぜ教育、教育とそう熱くなるんだ。法科大学院の教授といえども研究だけしていればいいんだよ。学生が司法試験に合格するかどうかは、本人の元々の資質と本人の努力によるものなんだよ。」と言っていた。私は驚いて、「じゃ、法科大学院は何のためにあるんですか。」と言ったが、返事はなかった。その研究科長は、もちろん私がその1年後に法曹養成制度検討会議の委員を務めるなどとは夢にも思っていないからそういう発言をしたわけで、これは公式な調査をしても絶対に表に現れない本音が出た言葉だと思う。その研究科長にとっては、法科大学院の教授というのは研究だけをして給料がもらえるポストという意味になるようで、学生があまりにもかわいそうだと思った次第である。

(3)　まとめ
　このように、法科大学院の実際の教育の点においても、司法制度改革審議会の意見書の内容と現状との間には、大きな乖離がある。上に挙げた例以外も含め、私が見聞きしたところを総合すれば、現状の法科大学院における教育の典型的なものは、「法曹養成についてあまり意欲がなく教育力も不十分な学者教員が、その分野の基礎の理解を学生任せにした上で、その担当科目の一部のみ、しかもその学者教員自身の研究テーマなど実務に遠い抽象的な議論を中心に扱う」というものである。これは、従来の法学部でよく見られた自己満足的な授業と

あまり変わらないものであり、いうまでもなく司法試験にも実務にもあまり役に立たないものである。

そのため、法科大学院の学生は、その授業の単位を取得するための勉強と司法試験に向けた勉強との二重の勉強を強いられることが多いことになる。法科大学院の学生や修了生らからは、法科大学院は法曹養成機関であることを謳っているのに、そこでは実質的な法曹養成があまり行われないため学生の負担があまりにも大きく、また心ある教員が受験指導しようとしても、後述するように文科省が禁止しているため表立ってはできないなどの意味で、「法科大学院制度ほど建前と実際とが違う制度はない。」という声が、よく聞かれるところである。

なお、このような実態の指摘については、一部の出来事の過度の一般化であるという反論もある。

しかし、平均的な法科大学院生や修了生らの本音の声に耳を傾ければ、決して過度の一般化ではないことが明らかとなろう。また、そもそも職業選択の自由は憲法で保障されているところであり（憲法22条1項）、法科大学院の修了が司法試験受験の基本的な要件とされているのは、その自由を司法試験に加えてさらに制限しているということになるのであるから、法科大学院における教育がそのような制限を正当化できるほど合理的なものであることは、合理的であると主張する側が証明すべきである。法科大学院の学生や修了生らから聞く数多くの不満からは、制度の合理性が証明できているとは到底思えない。

3　現状についての分析

(1)　学者教員における法曹養成過程の経験のなさ

このように、法科大学院における法学教育の多くの実態は、司法制度改革審議会が想定したような法曹養成制度としては機能していないが、その大きな理由の1つは、教員の多くを占める学者教員のほとん

どが、司法試験に合格しておらず、司法修習も経験していないからであると思われる。そのような法曹養成の過程を経験していない学者教員は、自己の狭い専門分野についてとくに外国法を研究対象としている人が多く、授業では説の対立の説明など主に抽象論を扱い、担当科目の基礎の学習や司法試験受験を念頭に置いた学習を学生任せにしてしまうことが多いといえよう。もちろん、そのような法曹養成の過程を経験していない学者教員でも、教育力があり教育熱心な人もいるが、私の経験からは、そうした学者教員はごく少数であり、多くの学者教員はそうではないと言わざるを得ない。

　私は研究者もしていたので、研究の重要性はもちろん認識しているつもりであり、司法試験に合格していない学者教員をそれだけの理由で貶めるつもりはない。しかし、実際に授業を受ける学生の立場からすると、狭い専門を研究してきたことと実務家を養成することとの間には、制度としてかなりのミスマッチがあると言わざるを得ないと思う。実際、多くの学生や修了生からは、司法試験に合格していない学者教員の授業と合格している教員の授業との間には、例外はあるにしても有意に差がある、という意見を聞く。それは、例えば、車のメカにどんなに詳しい専門家でも、運転免許の試験に合格していない人は自動車教習所で教えるのには向いていない、ということと同じことであると思う。

　前述した前川清成参議院議員は、司法試験に合格し司法修習も経験した教員の授業も視察し、「事例に則して、条文を引用した上で、さらに事例の場合分けもし、『これが法科大学院の目指すべき授業だ』と感じました。『口頭の提供』と、不特定物の『特定』の違いも上手く説明しておられました。教員の経歴書を拝見しますと、学者出身ですが、司法修習 40 期のようです。やっぱり、この違いでしょうか。」と述べている。法曹養成制度検討会議でも、医師の委員から、医学部では医師免許の試験の合格に求められる内容の 10 倍くらいの教育が

されている旨の発言があったが、私は、医学部では教員のほとんどが医師免許の試験に合格しているからこそ、そのようなことが可能になるのだと思う。異なる事情があるにしても、アメリカやドイツでも、司法試験に合格していない教員が法律基本科目を担当することは、考えられないことであろう。

実は、司法制度改革審議会の意見書でも、「将来的に」とはしながらも、法科大学院の教員について、「少なくとも実定法科目の担当者については、法曹資格を持つことが期待される。」としていたのである（同意見書63頁）。しかし、残念ながら、その「期待」は、現在の法科大学院ではほとんど意識されていない状態にあり、文科省もその「期待」が早期に実現可能となるような方向での指導はしていない。「将来的に」の「将来」とは、法科大学院の修了生が法科大学院の教員の中心になるような数十年も先のことと考えられているかのようである。

ところで、私のような考え方に対しては、司法試験合格や司法修習の経験のある実務家教員にも酷い授業をする人が少なくないから、司法試験の合格や司法修習の経験は、法科大学院における教育をするに当たりそれほど重要なものではない、という反論もある。

しかし、酷い授業をする実務家教員の例は、運転免許を有する者であってもそれだけで自動車教習所において運転の良い指導ができるとは限らないのと同様のことである。運転免許を取得していることが、教習所において運転の指導をするに当たり重要であることに変わりはない。教習所の良い指導員となるためには、まず前提として運転免許を有することが必要となるのであり、その上で良い指導ができることが求められるのである。つまり、運転免許を有することは、教習所の良い指導員になるための必要条件ではあっても十分条件ではないということであり、法科大学院の教員についても同じように考えられるはずであろう。

(2) 司法試験の受験指導の禁止の不合理

　文科省が、従来、法科大学院に対し司法試験受験のための指導をすることを禁止してきたことも、学者教員に、従来の法学部におけるような自己満足的な教育を許す口実を与えてきたといえよう。私は、法科大学院では、実務家養成をトータルとして行うべきであるから、司法試験の受験のことだけ教えればいいとは思わないが、法科大学院修了が司法試験の受験資格になっていて、司法試験が実務家になるための力を問うものとされているという以上、法科大学院で司法試験の受験のことも教えるのは当然のことであると思う。法科大学院でことさら司法試験の受験指導を排除しようとしているのは、何とかして司法試験に受かりたいという法科大学院に入学する学生の思いにも著しくかけ離れていると思う。医師を養成する医学部でも、国家試験の指導をしてはいけないとはされていないはずである。

　これに対し、旧司法試験については、合格するのにきわめて狭い門となっていたことから、単なる暗記や表面的な受験技術が合格に決定的であったかのように考え、司法試験予備校におけるような受験指導一般を卑下する向きも多い。そのような卑下した感覚を基に、法科大学院についても、予備校化してはならないなどと言われることも多い。

　しかし、それは根拠のない誤解に基づく意見であろう。受験指導である以上、学習の仕方、出題への解答方法等について他よりも不利とならないような合理的方策や本来の力を発揮できない失敗を避けるための知恵などは示すべきではあるものの、旧司法試験の時代においても、基礎知識を基に自分の頭で十分考える方向での指導でなければ、合格するための受験指導とはいえなかったのである。そもそも、法科大学院制度の創設前、司法試験受験を志す学生の多くが大学の法学部の授業を見限って司法試験予備校に通ったのは、法学部の授業の多くが、前述のように自己満足的なものであったからである。法科大学院についても、受験指導を卑下するという前提で「予備校化してはなら

ない」などというべきではなく、むしろ、現在の法科大学院は受験指導さえできないのであるから、「予備校化さえしていない。受験指導さえできなくてどうするのだ。」と表現するのが実態に即しているのだろうと思う。

　もっとも、私も、例えば、試験科目にない分野の価値を否定ないし軽視したり、判例や通説を無批判に絶対視させたり、あるいは受験上の合理的方策や知恵にすぎないものをきわめて価値の高いものとして指導したりすべきであると主張するつもりはない。むしろ、大学としては、司法試験の出題に振り回されることなく、出題された試験問題の当否を含め、法曹養成のあり方に対して視野の広い展望のもとにたえず批判の視点を持ちつつ、法曹を養成すべきであると思う。しかし、そうしたことと、法曹になりたいと思って入学してきた学生が司法試験に合格して法曹として活躍できるように司法試験の受験指導をすることとは、十分両立することなのである。さらに、従来教育の点で法曹志願者に見限られた大学側としては、司法試験等の予備校の非学問性を非難する一方的態度をとるのではなく、もし予備校の教育方法に工夫があると認められれば、それについてもある意味で批判的にかつ謙虚に参考にすることはあってよいと思われるのである。そうすることによって、法曹志願者の大学への真の信頼を築くこともできることになるように思う。

　なお、文科省は、法科大学院の教員に対し、直近の5年間に学術論文1つ以上を執筆していることを要求しつつ、授業で司法試験の受験指導をすることを禁止すれば、法曹養成としての良い授業が実現できると考えているようであるが、実情を踏まえない誤った考えというほかはない。

　なぜならば、例えば、従来の法学部では、一部の例外を除き、司法試験の受験指導ができないことはもちろん、担当科目の教育もおろそかにして、実務から遠い学術論文を書くことに専念する教員が多かっ

た、というのが実情であるが、そのような人に、実務家養成を担う法科大学院において良い授業ができるとは、到底思えないからである。むしろ、学術論文を執筆していなくとも、例えば司法試験予備校の講師のほうが、受講生に対して、司法試験に合格した経験を踏まえて合理的な学習方法を教えるだけでなく、その担当科目の真の理解に必要な基本原理も含めて基礎から分かりやすく教える人が多い、というのが実情である。司法試験予備校では、法科大学院におけるとは異なり、司法試験の受験に実質的に役に立たない自己満足的な講義をしたら、受講生に逃げられ、直ちに講師の仕事を失い他の者に代えられてしまう、という競争原理が働くからである。

4　解決策

(1)　最低限必要な2つの措置

　実務家養成のための良い教育を実現するためには、教員が、学生に対して、実務家となる力を問う司法試験の指導を十分にできることはもちろん、それを超えた実務家養成の指導もできる能力が必要である。そのためには、学者教員であっても、実務にも関心を持ち、実務家にとって必要な能力についての展望の下に、その実務を担う者を養成するという法曹養成の意欲を十分持っていることが必要である。

　そのような能力や意欲があるかどうかは判定しにくいが、もし法科大学院制度を維持するのであれば、制度を抜本的に考え直し、上に見たような現状に鑑みて、少なくとも、①司法試験科目にもなっている法律基本科目については、それを担当する教員に、原則として司法試験の合格を前提とする法曹資格を有することを要求し、かつ、②法科大学院における司法試験の受験指導の禁止を撤廃すべきである。

　このうちの①については、教員の確保という実際上の考慮から緩和することも考えられよう。緩和の方法として、司法試験に合格してい

ない教員には、司法試験の全科目とは言わないまでも、民法が専門であれば民事系というように、自分の専門分野に関係する複数の科目について、司法試験を受け合格しなければならないことにすべきであるが、当面、少なくとも担当科目についてだけでも速やかな司法試験の合格を要求すべきである。担当科目についてだけであれば、真に力がある教員には簡単な話であろう。そのような制度にすれば、人生をかけた学生の厳しい立場も理解できるようになり、また受験勉強の重要性を認識するようにもなるであろう。

　②については、前述したように、学生の立場からすれば、司法試験に合格しなければ法曹になれないということが前提で法科大学院に入学したのに、法科大学院で司法試験に対応した教育をしてくれないのであれば、何のための法科大学院かと思うのも当然のことであろう。

　なお、法科大学院の多くの学生は、費用と時間に見合った十分な法曹養成としての教育が受けられず、得られるのは法科大学院の修了による司法試験受験資格にすぎないという大きな不満を抱えているが、それにもかかわらずその不満について声を上げにくいという実情にある。それは、教員が単位認定権を握っているからである。法科大学院修了生も、司法試験受験生でいる間は受験勉強で忙しく、過去に受けた教育のことに関わっている時間的余裕がない。また、司法試験に3回失敗して司法試験の受験資格を失った人は、声を上げにくい状態にあるし、他方で、現在の司法試験に合格した人は、一定期間過ごした法科大学院に愛校心を感じたり、合格者を2000人と広げ受験生に有利になった現行司法試験制度と法科大学院制度とを一体のものと感じたりしがちであることなどから、法科大学院の問題点を過小に見る傾向があるため、いずれも不満が社会問題化しにくい状態になっている。私は、法科大学院制度を擁護すべき立場にはないが、そのような法科大学院生らの不満の解消を図ることに積極的に取り組んでこそ、初めて法科大学院の志願者数の回復が期待できると思うし、法科大学院制

度が国民の信頼に足りる制度になると思う。

　逆に、少なくとも上の２点を実現しないまま法科大学院制度を維持しようとしてもきわめて困難であり、この２点は、法科大学院を持続可能とするために最低限必要な条件であると考えている。そして、もし上の①②のような抜本的な改革をしないのであれば、多大な費用と時間のかかる法科大学院教育を司法試験受験の前提として強制することに合理性が認められない以上、司法試験の受験要件から法科大学院の修了を外すべきである。司法試験の受験要件から法科大学院の修了を外すことに対しては、旧司法試験当時の弊害を復活させることになるとして反対する主張もあるが、現在の制度のほうがかつての制度よりも不合理だというのであれば、現在の制度に固執する理由はない（前述のように、旧司法試験当時の弊害というのも誇張されているように思う）。

(2) 「答案練習」を含む受験指導に関する文科省の指導方針についての検討

　ところで、上の②については、文科省が受験指導の禁止を事実上一部緩和するかのような措置を打ち出すようになったので、その点について独立して検討しておきたい。

　ア　文科省の指導方針

　文科省は、事例問題を出題して出題者が学生の答案を添削して指導するといういわゆる「答案練習」（略して「答練」とも言われる。）は、司法試験の予備校で行われているものであり受験指導であるとして禁止してきた。とくに、ある司法試験考査委員が自分の所属する法科大学院の「答案練習」の場において司法試験の問題を漏洩した、という強い疑いが生じた時から、文科省のそのような態度は強まったようである。

　しかし、「答案練習」は、法曹養成のために司法研修所で行われて

いる、いわゆる「起案」（と添削）と基本的に同じもので、このような教育方法は、法律実務家となるために必要な思考力と表現力を養うために不可欠なものである。このことは、法曹養成の過程を経験した人であれば、容易に理解できることであり、そのような指導方法を否定して良い法曹養成ができるとはとても考えられない。

そして、そのような主張も強く存在したためか、文科省も、かつての態度をやや改めたようである。文科省は、各法科大学院に対して次の趣旨を周知しているところであるという（法曹養成制度検討会議の第4回会議に提出された資料2－2「法科大学院教育における受験指導等に関する文部科学省から各法科大学院に対する指導について」。http://www.moj.go.jp/content/000104493.pdf 。(i)～(iii) は筆者が付した）。

- 司法試験での解答の作成方法に傾斜した技術的教育や理解を伴わない機械的な暗記をさせる教育などは不適当であること。(i)
- 一方で、司法試験の問題やそれに類する形式の事案が教材の一つとして使われることをもって直ちに、受験指導に偏った指導であるということは適当でないこと。(ii)
- 個々の指導が本来あるべき法科大学院教育として適当であるか否かは、その目的と形式及び態様との組み合わせにより総合的に判断されるべきものであること。(iii)

イ　文科省の指導方針についての検討

このような受験指導の禁止の緩和とも取れる措置（とくに(ii)）は、それによって、法科大学院における教育が、司法試験の受験や実務に少しは役に立つ方向に向かうことが期待できるかのようにも見えないではない。しかし、よく検討してみると、これらのいずれもが、法曹養成の過程を経験したことがない人の発想に基づく不合理な規制であ

るように思われる。
　㋐　(ⅰ) の前半について
　まず、(ⅰ) の前半の「司法試験での解答の作成方法に傾斜した技術的教育」が不適当であることについてであるが、書面の作成方法は、内容の理解と深く関わる話であり、技術面を含め書面の作成方法を指導することは、司法修習でも行っている、法曹養成として当然必要なことである。理解して考察した内容は、文字として表現して初めて他に伝えることができるのであり、法律が説得の道具であることからすれば、内容を伝える技術的形式的な面の学習も実務家になるためには重要なことがらであるはずである。
　法科大学院生は、修了後に司法試験に合格しなければ法曹になれないわけであるから、この (ⅰ) の前半は、とくに法律を勉強したことのないいわゆる純粋未修者で法律の解答の作成方法が分からない人のことは考慮しなくてよいとするどころか、むしろ考慮してはいけないと言っているようなもので、これでは、人材の多様性など望めないであろう。
　㋑　(ⅰ) の後半について
　(ⅰ) の後半の「理解を伴わない機械的な暗記をさせる教育」が不適当であることについては、文字通り理解を伴わないただの暗記であれば、そのような教育で司法試験に合格するはずはないから、その禁止は、合理的な司法試験の受験指導をしようとする人にとっては、禁止するまでもない当然の話であるということになる。
　(ⅰ) の後半は（あるいは前半も含めて）、司法試験の予備校におけるかつてのいわゆる「論証フォームの暗記」のことを意味しているのかもしれない。確かに、旧司法試験の時代、「何々について説明せよ」というようないわゆる一行問題の出題もあったことなどから、理解の浅いまま、出題されそうな論点の答案例（「論証」あるいは「論証フォーム」と呼ばれる。）を暗記して、たまたまそのような論点が出

題されることが重なって司法試験に合格するという人も、合格者数を急増させた時期にはいたかもしれない。しかし、そのような勉強方法では多くの人は不合格になっていたはずで、いずれにしても、受験生にそのような勉強方法を取らせたのは、司法試験の出題の仕方に工夫が足りなかったという意味で、むしろ出題者側の責任が大きかったというべきである。

　ただ、他方では、出題の問題文が複雑になった現行司法試験において、たとえ深い理解の下に基礎的な知識を十分身に付け、かつ思考力を十分鍛えた上で受験する場合でも、一定程度典型的な知識を自分なりに即座に書けるようにしておくことは、一般に、時間制限の厳しい試験の場で時間を節約するためには十分合理性のあることなのである。このようなことも、法曹養成の過程を経験した人であれば容易に理解できることであろう（覚える知識自体に間違いがあったり、出題に場違いな知識を書く受験生がいたりするという問題は、もちろん別論である）。さらに、そのようなことと連続的なこととして、複雑な法律を学習する上で、算数の掛け算九九のように、仕組みは一応十分に理解した上で実際上は機械的な暗記をしてしまったほうがそれを用いる実際上の処理が早い、ということがあることも否定できない。もし、(i)の後半がそれらのことを理解していないのであれば、それこそ「機械的な」規制であろう。

　なお、(i)には上の2つの例示をした上で「など」という表現もあるが、それが何を意味するのかは不明である。

　(ウ)　(ii)について

　(ii)については、「答案練習」が合理的な法曹養成方法であるのは当然であるのに、なおも「受験指導に偏った指導」を禁じるという立場から、「司法試験の問題やそれに類する形式の事案」が教材として使われることが、十分「受験指導に偏った指導」となりうる、ということを前提としているのは問題である。なお、「受験指導に偏った指

導」が不適当であるというのであれば、受験指導そのものも当然不適当であるということになるのであろう。

いずれにしても、(ii) が、分かりにくい曖昧な表現の規制になったため、「では、受験指導に偏った指導かどうか、適当かどうかはどう判断するのか。」という基準が問題となり、(iii) も持ち出されることになった。

(エ) (iii) について

(iii) も、受験指導を禁じる前提に立った上で、適当か否かは目的、形式、態様の観点から総合的に判断するというのであるが、あまりにも曖昧である。

　a　単位の曖昧さ

まず、(iii) には、「個々の指導が」とあるが、その大きさである単位も問題になろう。つまり、「個々の指導」を、教員の一言一言の単位で考えるのか、あるいは例えば90分の1回の授業という単位で考えるのか、あるいは半年なり1年なりのその科目の授業全体で考えるのか、というような問題があるはずである。より細かい単位で考えると受験指導自体であったり受験指導に偏った指導であったりしても、単位を大きく捉えると受験指導に偏っていないということはありうるからである。

　b　3つの判断基準の曖昧さ

また、判断の基準の一つとされる「目的」にしても、例えば、「学生が司法試験に合格するようにする目的」で指導した場合に、その目的は、不適切な指導であると判断される方向に考慮される要素となるのかは、不明確である。もし、「学生が司法試験に合格するほどの力を付けさせる目的」なら適当であるというのであれば、合理的な区別ではないであろう。そもそも、他方で、文科省は各法科大学院の修了生の司法試験合格率も問題にして、統廃合まで指導しているのに、司法試験の合格を指導の目的とすることを否定的に考えているのであれ

ば、大きな矛盾があるように思う。目的以外に判断基準とされる「形式」と「態様」についても、その２つがどのように違うのかは明らかではない。

　c　具体例

　具体例で考えてみたい（(i)や(ii)にも関係するが）。「個々の指導」の単位として最も小さいものを考えた場合に、例えば、司法試験に類する事例問題を出題したところ、ある学生が書いた答案に、「Aである。したがって、Bである。なぜならばCである。」という表現があったとする。それについて、「その表現は論理がおかしい。Bが結論で、AとCがその理由であるというのであれば、結論の前後を理由で挟むような文章を書くべきではない。」というような添削をすると、受験指導自体ないし受験指導に偏ったものとして不適当であることになるのであろうか。あるいは、「なぜならば」で始まっている文の末尾が「だからである」になっていないような文について、文の呼応に注意する必要があるというような指導をするのは、どうであろうか。さらに、同じ内容の指導でも、「そうしないと、司法試験の合格答案にならないよ。」と言うと、それだけで急に受験指導に偏った指導になるのであろうか。なるとしたら、それは不合理ではないだろうか。これらの例は、すべて論理的な文章の指導として許されるべきであるように思う。

　d　(iii)のもつ意味

　結局、個々の指導について目的、形式、態様から総合的に判断されるといっても、判断するのは文科省であるから、(iii)は、「本来あるべき法科大学院教育として適当であるものは、本来あるべき法科大学院教育として適当である。」「受験指導に偏った不適当な指導は、受験指導に偏ったもので不適当である。」というトートロジーと、ほとんど差がないことになろう。

　このような曖昧な状態というのは、もし、「建前は動かさないで、

運用で受験指導を解禁するのと同じにする。」というのであれば、それはそれで歓迎すべきことではあろう。しかし、やはり受験指導に偏った指導として許されないものはあるというのであれば、そして、統廃合の基準としてその法科大学院の修了生の司法試験合格率も問題にするというのであれば、どの程度の受験指導なら許されるのかが不明確なままでは、法科大学院としては、「どうやって文科省の目を掠めるか。」というつまらないことにエネルギーを使わなければならないことになろう。例えば、法科大学院によっては、受験指導の実態は何ら変わらないのに、講座名を「答案練習」から「起案」や「事例問題研究」に変えたところもあるようである。また、そのように単にレッテルを貼り替えただけで許されないものが許されるものになるのであれば、それは、法科大学院のエネルギーの使い方の問題にとどまらず、実質的な正義を実現しようとする法曹を養成する場における出来事として決してふさわしいものではない、というべきであろう。

(オ) 結　論

結局、(i)〜(iii)は、あくまでも法科大学院において司法試験の受験指導をすることは良くないことであるということを前提とする不合理なものであるので、受験指導を解禁した上で、それらのすべてを撤廃すべきであると考える。

(3) その他

法科大学院をめぐるその他の問題点についても、触れておくことにする。

ア　法科大学院の統廃合等について

法科大学院については、定員割れの状態にあるところやその修了生の司法試験合格率が低迷しているところが多いことなどから、統廃合や定員削減の必要性も説かれている。

(ア) 「更なる措置」の基準

まず、統廃合や定員削減の目的であるが、統廃合や定員削減を進めるに当たり現在行われている補助金の削減以上の「更なる措置をとる必要性と目的」について、法曹養成制度検討会議の第9回会議に事務局から提出された資料6（「法科大学院の定員・設置数について（第4回・第5回検討会議において意見があった更なる措置について論点を整理したもの）」。http://www.moj.go.jp/content/000107785.pdf）には、次のような2つが掲げられている。なお、「更なる措置」というのは、公的支援見直しを更に徹底・強化することや一定の法科大学院の修了者に司法試験受験資格を認めないとすることなどをいう（同資料参照）。

　　・法曹養成の中核としての使命を担い、司法試験受験資格を原則としてその修了生に制限している法科大学院制度の目的の適切な実現を図る
　　・司法試験受験資格を原則として法科大学院修了生に制限するにふさわしい教育の質を確保する

　このうちの前者は、抽象的で必ずしもはっきりしないが、定員割れを起こしている事態を解消すべきである、という意味にも取れる。後者は、教育の質が良くないことが窺われる法科大学院は排除すべきである、ということであろう。
　そして、その更なる措置を進める場合に考慮すべき基準として、同資料は、次のように、3つを挙げ、第1と第2については趣旨と論点を添え書きし、第3についても補足説明をしている（(a)～(c)は筆者が付した）。

　　・修了者の司法試験合格状況 (a)
　　　【趣旨】　各法科大学院の教育の成果を客観的に判断する
　　　【論点】　この点のみを基準とすると、法科大学院が過度に司法

　　　　　　　　試験合格のための教育を重視するおそれがあるのでは
　　　　　　　　ないか
・入学者選抜を含む教育状況 (b)
　【趣旨】　司法試験合格という結果のみでなく、教育内容・体制
　　　　　の適正さなど教育の質全体を判断する
　【論点】　教育状況自体の適否を判断しようとすると、判断の客
　　　　　観性を確保できるか
・その他の事情 (c)
　地域的配置、夜間開講、社会人教育の充実等の観点から特別の
　配慮をすることなどが考えられるが、深刻な課題を抱える法科
　大学院について、どの程度配慮が可能か、公平性、納得性とい
　う観点から検討する必要があるのではないか

(イ)　「更なる措置」の基準についての検討
　しかし、(a)の「修了者の司法試験合格状況」については、とくに疑問が大きい。そこには、「趣旨」として「各法科大学院の教育の成果を客観的に判断する」とあるが、司法試験の合格状況というのは、法科大学院の教育の成果を客観的に反映したものとはいえないのである。例えば、既修者コースの学生数が未修者コースの学生数よりも多い法科大学院のほうが、そうでないところよりも司法試験の合格率は高くなるわけであるし、その既修者は、法科大学院入学以前は、従来は旧司法試験の勉強を自分であるいは予備校で行ってきたわけである。したがって、入学時点で司法試験の合格直前までの学力を身に付けた人を多く入学させることができたかによって、その法科大学院の修了生の司法試験合格率は大きく左右されることになる。その意味からは、(b)の教育状況を基準とするほうが望ましいことになる。また、前述のように、法科大学院においては司法試験の受験指導が公式には禁止されているが、多くの法科大学院では、文科省にばれないように、司

法試験に合格している実務家教員を中心として受験指導を行っているのが実態であり、そうすると、禁止されている受験指導をどれだけ充実して行ってきたのかなどによっても、司法試験の合格状況は変わってくることになるのである。なお、法科大学院が、社会のルールの運用を担う法曹を養成する存在であることからすれば、このように、文科省や認証評価機関に分からないようにルールの本音と建前を使い分けるというのは、決して望ましい状態とは思えない。

　ところで、文科省は、かつては、法科大学院に対し、司法試験の科目にない外国法や法曹倫理教育の重視を奨励したり、司法試験から離れた各法科大学院の独自性を求めたりしていたのに、法務省等から法科大学院修了生のレベルの低下が指摘されるようになって、急に司法試験合格率を問題にして合格率の低い法科大学院の統廃合にも言及し出すようになったのである。そして、前述のように、それにもかかわらず受験指導を禁止しているのである。したがって、もし、司法試験合格状況を基準として統廃合を行うということになると、文科省の指導に忠実であった法科大学院で、統廃合の対象となり得るところは、「文科省の言うことなど真に受けなければよかった。」という思いをするであろう。私は、もし司法試験合格状況を基準に統廃合するというのであれば、やはり、それは文科省が受験指導を禁止してきたことと大きな矛盾があると思う。その意味からも、(b)のほうが望ましいことになる。

　ただ、(a)の「修了者の司法試験合格状況」の「論点」には、「この点のみを基準とすると、法科大学院が過度に司法試験合格のための教育を重視するおそれがあるのではないか」とあるが、私は、このような理解自体、おかしなことであると思う。前述したように、むしろ法科大学院が司法試験の合格のための教育さえ十分できていないということこそ、問題にすべきである。その意味では、入学者にすでに法律についての学力の差があることは一応措くとすれば、前述のように司

法試験の受験指導を認めた上で (a) の基準を採用するのがより望ましかったということになろう。

(c) の「その他の事情」については、地域的配置等の観点が挙げられており、実際にも、例えば、地方の弁護士会等から、地方に法科大学院があることの意義が強調されその存続を求める声が上がっている。

まず、地方の法科大学院は、入学者がきわめて少ないところが多いようであるが、確かに、それは、その法科大学院自体の責任というよりも制度全体の問題によるところが大きいと思われる。つまり、法曹志願者全体が激減することによって、地の利等の点で事実上不利な地方の法科大学院に入学者が集まらなくなってしまったという面が強い。その点で、法曹志願者の激減という制度全体の弊害が、地方の法科大学院にしわ寄せになっているというべきであろう。したがって、その法科大学院自体の責任のみによる結果のように考えて統廃合しようとするのであれば、問題がある。

しかし、もしその法科大学院において良い教育ができていないのであれば、地方であるからといって地域的配置という観点から法曹養成機関として残すということは是認できないように思う。前述のように、私は、原則として基本科目を担当する教員に司法試験に合格し司法修習を経験したことを要求すべきであると考えるので、その点で地方かどうかで差を設ける必要はないと考えている。夜間開講、社会人教員の充実等の観点についても同様であろう。

(ウ) 前提についての疑問

私には、そもそも各法科大学院に教育の質のばらつきがあるとして、法科大学院単位で教育の質を考えているという前提自体に、疑問が感じられる。考えてみれば、良い教育を行っているとされる法科大学院にも良くない教育を行っている教員はいるし、良い教育を行っていないとされる法科大学院にも良い教育を行っている教員はいるはずである。もし後者の法科大学院が廃校とされた場合には、そこにいた良い

教育を行ってきた教員は排除されるが、前者の法科大学院で良くない教育を行ってきた教員は排除されないのである。そう考えると、教育の質の向上を考えるのであれば、法科大学院単位ではなく、教員単位で考えるべきであろう。

そして、例えば、法曹養成しようという熱意がないまま自分の狭い研究テーマに偏った授業を行うなどというのが、法科大学院における良くない教育の典型例であるが、そういう授業を排除する実質的な基準はなかなかすぐには立てられない以上、繰り返し述べているように、私は、司法試験に合格し司法修習を経験したことを最低限の要件として課すべきであると思う。もし法科大学院制度を維持するのであれば、そういう形で良い法曹教育が行われるように制度を絞っていくべきで、その上で、授業評価アンケートの活用等、実務家の養成という教育の質を実質的に判断できる基準というものを十分研究、検討していくべきである。

なお、統廃合が説かれるのには、法曹志願者の減少の主な原因は司法試験の合格率の低さにあるとして、合格率の分子に当たる合格者数を減らさずにその分母に当たる司法試験受験者数を減らせば合格率が高まるという考慮もあるであろう。しかし、法曹志願者の激減によりすでに定員割れとなっている法科大学院が非常に多いことを考えると（前述のように、平成25年度は93％の法科大学院で定員割れとなっている。また、同年度における法科大学院全体の定員充足率は、63％にすぎない。http://www.mext.go.jp/b_menu/shingi/chukyo/chukyo4/012/siryo/__icsFiles/afieldfile/2013/05/13/1334787_07_1.pdf）、一部を統廃合したり定員の一部を削減するぐらいでは、現実の不十分な後追いとなるにすぎず、志願者の減少に追いつかないであろう。そうすると、合格率の分子に当たる司法試験の合格者数を減らさないということを前提とした場合、法曹志願者の減少で法科大学院入学者も減り、合格率の分母に当たる司法試験受験者も減って、司法試験合格率は高

まることになるから、「合格率を上げてその結果として法曹志願者を増加させる」というのではなく、むしろ「法曹志願者が減少しその結果として合格率が上がる」という皮肉な結果が生じるだけであるように思われる。

　イ　「共通到達度確認試験（仮称）」等について

　法曹養成制度検討会議の第５回会議に提出された資料２－１（「法学未修者教育に関する現状と課題、充実方策について」。http://www.moj.go.jp/content/000105093.pdf）および資料２－３（「法学未修者教育の充実方策に関する調査検討結果報告」http://www.moj.go.jp/content/000105095.pdf）によれば、「中央教育審議会大学分科会法科大学院特別委員会法学未修者教育の充実のための検討ワーキンググループ」は、１年次から２年次に進級する際の「共通到達度確認試験（仮称）」を導入することや、１年次において憲法・民法・刑法などの基本的な法律科目をより重点的に教育すること等を検討すべきであるとしたという。

　まず、そのような共通到達度確認試験を導入した場合には、教員も学生がその試験でよい点を取れるような授業を行わざるを得ないようになるであろうし、その限りで試験対策も行われるようになるであろうから、私としてはその案に賛成したいと思う。ただ、私は、法科大学院の教員にそのような確認試験の導入に耐えられるだけの教育力があるかというと、一部の法科大学院を除き、多くの法科大学院では難しいように思う。そのような確認試験の試験対策となる授業は歓迎されながら、司法試験の試験対策となる授業は禁止されるという矛盾も、改めて浮き彫りになるであろう。

　また、１年次は憲法・民法・刑法などの基本的な法律科目をより重点的に教育するという案についても、基本的に賛成であり、なぜ法科大学院制度が創設された初めの段階からそのように考えられなかったのか不思議にさえ思う。きっと、法科大学院の教員の教育力をあまり

にも過信したのであろう。ただ、1年次は憲法・民法・刑法などを教育するという案でも、2年次3年次のカリキュラムは、そこでの科目を大幅に減らさない限り相当な過密になるわけで、3年間でいわゆる純粋未修の学生について司法試験の問題に答えられるだけの力を付けさせることができるかというと、やはり困難であるように思う。

ウ　学部段階での法曹養成について

法科大学院は、アメリカのロースクールと同様に、大学院レベルで法曹養成を行うものである。しかし、日本ではアメリカと異なって学部レベルで法学部があるのであるから、法科大学院では、法学部出身者とそうでない者とを抱えることになる。それが、日本の法科大学院をめぐる問題をアメリカよりも複雑にしている。そうであれば、法学部を廃止しない以上、日本の大学で法曹養成をするのであれば、大学院レベルから学部レベルに移すことも検討すべきである。

その場合には、いわば学生全員が未修コースということになり、法学部と別に法曹養成学部というようなものを作るか、法学部の中に法曹養成学科というようなものを作るかということが考えられる。在学すべき年数は、司法修習の期間をどうするかにもよるが、現在のままでは、4年制では足りず、少なくとも5年制にする必要があろう。

大学に進学しようとする人にとっては、学部の卒業までの時間と費用は予定されているから、現在のように学部卒業後に時間と費用をさらにかけないと法曹になれないという負担を減らすことができ、多くの人に法曹を志望してもらえるようになるのではないかと思う。ただ、学生全員が法律を初めて学ぶことになると、教員の教育力がまさに問われることになるから、基本科目の合理的な積み上げによるカリキュラムの作成と法曹を養成する人の養成について、改めて根本から考える必要があることになるであろう。

そのような学部の規模は、法科大学院について前述したのと同様に、定員100人で10校程度か、定員50人で20校程度か、あるいはその

中間的なものか、ということになろう。教員には、やはり原則として法曹養成過程を経験したことを要求すべきである。なお、入学者にとって大きな負担がなくなる以上、そこで本当に良い法曹養成をしていれば、その学部の卒業を司法試験受験の要件としなくても、自然とその学部が法曹養成の中核になるのだろうと思う。

第3章
司法試験について

1　試験科目の限定等

　司法試験については、法科大学院における教育力が過大視されたこともあってか、受験すべき試験科目が増えすぎていると考える。より基本的な力をしっかりと身に付けているのかを見るためには、憲法のほか、基本的な実体法（民法、刑法）と手続法（民事訴訟法、刑事訴訟法）について重点的に問うべきであり、行政法や選択科目（倒産法、租税法、経済法、知的財産法、労働法、環境法、国際関係法〔公法系〕、国際関係法〔私法系〕）は試験科目から削除し、商法の短答式試験も削除すべきであるように思う。
　このうち、行政法や選択科目については、旧司法試験でも一定の選択科目があったのであるから、試験科目から削除すべきではないという意見もありえよう。しかし、例えば民法や民事訴訟法の基礎が十分できていないまま、その応用となる科目を学習しても、十分な成果は望めないであろうから、司法試験の段階までは、まずは法律の基本中の基本である基本六法（憲法、民法、刑法、商法、民事訴訟法、刑事訴訟法）を徹底的に学ぶ必要があるように思う。基本六法という基礎が十分にできていれば、その他の応用科目や発展科目については、司法試験合格後や法曹になってから必要に応じて学んで行けば足りるのではないだろうか。
　法科大学院制度を前提として考えた場合、仮に教員の教育力の問題は措くとしても、そもそも現在の法科大学院でのカリキュラムも肥大

化しすぎているように思う。法科大学院では、学生は、例えば、民法や民事訴訟法の理解が浅いまま医療過誤訴訟についても学ぶようであるが、司法試験に合格する前の段階で医療過誤訴訟について十分理解することには相当な無理があるように思う。このような無理があることについては、文科省や縦割りで狭い分野を専門とする多くの学者教員には理解し難いことのようであるが、実務経験から医療過誤訴訟の高度な専門性を理解している多くの実務家の間では、ほぼ共通した認識であると思われる。

　とくに、前述の中教審のワーキンググループが考えているように、1年次は憲法・民法・刑法などの基本的な法律科目をより重点的に教育するというのであれば、在学年限が変わらない以上、法科大学院における教育全体が基本科目にシフトすることになり、より先端的な科目は法科大学院では扱えないことになろう。そうすると、法科大学院で扱えるのは、司法試験科目で言えば行政法や選択科目程度までということにならざるをえないと思うから、そのような科目は法科大学院のカリキュラムとしては学生が履修しなければならないとしても、司法試験科目としては、法科大学院での履修科目よりも少ない科目で足りるとしていいのではないだろうか。

　行政法については、現代社会で重要な法分野であるとは思うが、旧司法試験制度においても選択科目にすぎなかったのであり、六法と同様に扱わなければならないとまでは言えないように思われる。

　もし、六法以外の法律も試験科目にすべきであるとしたら、行政法や現在の選択科目よりも、司法修習生の大半がなる弁護士にとって必須の民事執行法や民事保全法のほうが学ぶべき順序として先であるように思う。強制執行手続や保全処分手続は、民事訴訟法の一部として規定されていた時代において、正面から司法試験の出題範囲とされていたこともあった。その後出題範囲から除外されたのであるが、弁護士にとっての重要性に変わりはない。なお、民事執行法や民事保全法

は、現在でも、民事法の関連として出題範囲内とされているが、中心的な問題として出題されたことはない。

　商法は、六法の一つではあるが、商法、会社法、手形法、小切手法とあまりにも広範であり、条文も会社法が制定されてからかなり数多いことになった。とくに短答式試験では、その条文のどこから問われてもいいように準備しなければならないから、受験生にとって負担が重すぎるように思う次第である。

　なお、法科大学院擁護論の立場から、司法試験合格率を上げるべきであるとして、司法試験受験生が合格しやすいように試験科目の削減が説かれるということもあるようであるが、私見がそのような立場から主張しているものでないことはもちろんである。むしろ、法科大学院において、「合格者を増やしても質を確保する」ような教育ができていないことから、基本六法でさえ十分身に付いていない法曹があふれるのを防止したいと考えているにすぎない。

　さらに、試験科目の限定以外に、3点を簡単に補足しておきたい。

　第1は、司法試験の時期である。司法試験は、現在、毎年5月に短答式試験と論文式試験とが行われているが、もし法科大学院を維持するのであれば、法科大学院の最終学年の後期に司法試験を行い、合格者は法科大学院の修了ととも司法修習生となれるようにすべきである。なぜならば、現在の制度では、法科大学院が司法試験に十分な責任を持つ体制になっておらず合理的であるとはいえないし、また、法科大学院修了から司法修習生となるまでの間にどこにも所属しない時間を必要とすることで、法曹養成の過程を長すぎるものにしているからである。司法研修所のないアメリカとは事情が異なることを理解する必要がある。

　第2は、口述試験の復活である。現在の司法試験では、法科大学院修了生は法科大学院で双方向の授業を受けたとして口述試験が課されていないが、旧司法試験と同様に、口述試験を行うべきであるように

思う。法科大学院での双方向の授業は形骸化しているのが実態であり、口述試験を省略することを正当化できないであろう。口述試験は、思考力の瞬発力が試されるもので、法曹になるための試験では不可欠のものであるように思われる。

　第3は、司法試験考査委員についてである。司法試験が学者になるための試験ではなく実務家になるための試験であることや、司法試験と司法修習との十分な連携を図る必要もあることからすれば、司法試験考査委員にも、原則として司法試験に合格し司法修習を経験していることを要求すべきであろう。

2　受験回数制限の撤廃

　司法試験についての重要な問題として、受験回数制限の問題と予備試験の問題がある。まず、受験回数制限の問題を取り上げる。
　私は、前述のように、現状では法科大学院修了を司法試験の受験要件から外すべきだと考えているが、仮に外さないこととした場合にも、3回または5年という現在の受験回数制限、受験期間制限（ここでは「受験回数制限」ないし「回数制限」の言葉で代表させておく。）は撤廃すべきあると考えている。以下、撤廃すべきであるとする理由、制限を維持すべきであるとする主張とこれに対する反論、撤廃する場合の問題点の検討を挙げておきたい。

(1)　撤廃すべきであるとする理由
　撤廃すべきであるとする理由として、まず第1に考えるべきであることは、回数制限の導入に際しては、もともと、「普通に勉強していれば修了生の7〜8割が司法試験に合格するということなので、3回以内あるいは5年以内に合格しない人はよほど法律に向いていないのだろう。」という前提があったということである。多くの人がそのよ

うに理解したからこそ、そのような制度導入に反対する意見がほとんどなかったのである。ところが、司法試験の合格率が2～3割である現状というのは、全くそのような前提ではなくなっているわけで、制度導入のときの合理性はなくなっているというべきである。そうであれば、そのような制限を維持すべきではないであろう。

　第2に、学習による成果が時間とともにどのように変化するかという学習曲線が人によって異なるということは、認識すべきである。司法試験の合格レベルに達するのに、時間がかからない人もいるが、時間がかかる人もいるのであり、時間がかかっても合格レベルに達したのであれば、受験の機会を奪って合格させないというのは、合理的とはいえないであろう。合格まで時間のかかる受験生の存在も、多種多様な人材が法曹の世界には求められるという多様性の観点から、認めるべきであるように思う。

　第3に、私は、この制度が学生に対してきわめて大きな精神的負担となっているということを、改めて認識する必要があると思う。私は、法科大学院修了の少し前の状態にある教え子の人と話をしたことがあるが、そのとき、彼は、「すでに数百万円もの借金を抱えた状態である。もし今後3回以内あるいは5年以内に司法試験に合格できずに受験資格を失った場合のことを考えると、その場合には自殺するということも真剣に選択肢の中に入っている。」と言っていた。そこまで人を追い詰めることになる制度というのは、制度としておかしいと思う。医師の国家試験が9割以上の合格率でも回数制限がないということと比べても、現行の司法試験制度は、受験生にあまりにも酷なものになっている。

(2)　**制限を維持すべきであるとする主張とこれに対する反論**
　これに対して、こうした制限を維持すべきであるとする立場からは、論拠として、①受験回数制限を撤廃して旧司法試験の下で生じていた

問題状況を再び招来することになるのは適当ではないこと、②本人に早期の転進を促すことになること、③法科大学院における教育効果が薄れないうちに司法試験を受験させる必要があること、などの指摘がされている。以下、この3つについて、反論しておきたい。

　ア　旧司法試験下のような問題状況を招来すべきでないという論拠について

　旧司法試験の下で生じていた問題状況というのは、不明確であるが、おそらく、司法制度改革審議会の意見書にあった「受験競争が厳しい状態にあり、受験者の受験技術優先の傾向が顕著になってきたこと」（同意見書57頁）をいうのであろう。したがって、①は、もし受験回数制限を撤廃すると、受験できなかった人が受験できるようになって司法試験合格率が下がり、旧司法試験時代と同様に競争が厳しくなって、受験者の受験技術優先の傾向が顕著になってしまう、ということを意味するのであろう。

　しかし、旧司法試験においても、単なる暗記や表面的な受験技術が合格に決定的であったわけではないこと、出題の仕方に工夫が足りないという意味で出題者側の責任が大きかったことは、前述した通りである。反対に、旧司法試験の時よりも司法試験合格率が上がった現在の司法試験においても、試験で合否が判断される以上、受験上の合理的方策や知恵などの重要性は決して変わるものではない。

　なお、受験回数制限の撤廃により司法試験合格率が下がり、法曹志願者が減少するかもしれないという点については、改めて(3)として後述したい。

　イ　早期の転進の促しという論拠について

　次に、②は、いつまでも受験できるとすると、その人のためにならない、その人に別の道への転進を促すために回数制限が必要である、という議論である。しかし、別の道への転進をするかどうかは、その人が決めるべきことであって、その人が「受験を続けたい。」と言っ

ているのに「これ以上の受験はあなたのためにならない。」と言うのは、本人の意思決定権に対する過度の介入であるというべきである。また、もし本人のために受験回数、受験期間を制限するというのであれば、本人がその制限にかからないように、本人のために法科大学院で受験指導をすることを公式に認めるべきであったのであり、法科大学院で公式には受験指導を禁止しして受験勉強をしにくくしておきながら、他方で本人のために回数制限をするというのは、私には矛盾があるように思われる。

　ウ　教育効果が薄れるとする論拠について

　③は、前述のような法科大学院の実態からみてあまりにも建前にすぎる話である。多くの法科大学院では、前述したように、司法試験にあまり役に立たず、実務にもあまり役に立たないという授業が多く行われていて、そのために、一般の学生は法科大学院の修了が決まった段階から本格的に司法試験の勉強を始めるわけである。そのために、受験の準備が間に合わずに受け控えする人が多いわけである。法科大学院における教育効果が時間とともに薄れて時間が経つとそれだけで個々の法科大学院修了生の司法試験受験にとって不利だというのであれば、なぜこれだけ受け控えする人が多いのであろうか。③の論者は、その点を合理的に説明すべきである。

　また、もし、法科大学院における教育効果が時間とともに薄れるというのであれば、それは不合格の場合に限らず、合格した場合でも薄れてしまうはずであって、3回や5年で薄れるとする教育効果が司法試験合格者の場合は薄れなくなるというのであれば、それは全く説得力のない過度の擬制ということになろう。

　法科大学院修了直後の者の司法試験合格率が最も高く、受験回数、年数を経るごとに低下すること（資料5）を理由にこのような教育効果論を説くことは、一見説得力があるかのように見えるが、よく検討してみると論理的に直結する話ではない。なぜならば、受験生各人の

第3章 司法試験について　69

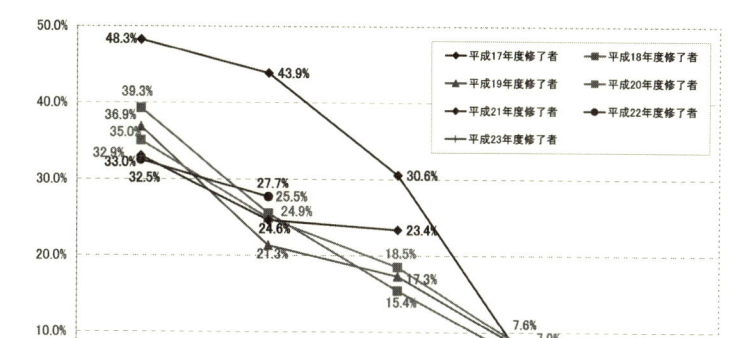

資料5　司法試験修了年度別合格状況

凡例：
- 平成17年度修了者
- 平成18年度修了者
- 平成19年度修了者
- 平成20年度修了者
- 平成21年度修了者
- 平成22年度修了者
- 平成23年度修了者

		修了1年目	修了2年目	修了3年目	修了4年目	修了5年目
平成17年度修了者 (H18～H22試験の受験)		平成18年試験	平成19年試験	平成20年試験	平成21年試験	平成22年試験
	受験者	2091	903	324	130	149
	合格者	1009	396	99	8	6
	合格率	48.3%	43.9%	30.6%	6.2%	4.0%
平成18年度修了者 (H19～H23試験の受験)		平成19年試験	平成20年試験	平成21年試験	平成22年試験	平成23年試験
	受験者	3704	1960	1089	693	658
	合格者	1455	500	168	44	21
	合格率	39.3%	25.5%	15.4%	6.3%	3.2%
平成19年度修了者 (H20～H24試験の受験)		平成20年試験	平成21年試験	平成22年試験	平成23年試験	平成24年試験
	受験者	3977	2161	1352	851	809
	合格者	1466	461	234	65	47
	合格率	36.9%	21.3%	17.3%	7.6%	5.8%
平成20年度修了者 (H21～H25試験の受験)		平成21年試験	平成22年試験	平成23年試験	平成24年試験	平成25年試験
	受験者	4012	2237	1432	910	
	合格者	1406	557	265	72	
	合格率	35.0%	24.9%	18.5%	7.9%	
平成21年度修了者 (H22～H26試験の受験)		平成22年試験	平成23年試験	平成24年試験	平成25年試験	平成26年試験
	受験者	3732	2295	1383		
	合格者	1233	565	323		
	合格率	33.0%	24.6%	23.4%		
平成22年度修了者 (H23～H27試験の受験)		平成23年試験	平成24年試験	平成25年試験	平成26年試験	平成27年試験
	受験者	3529	2078			
	合格者	1147	575			
	合格率	32.5%	27.7%			
平成23年度修了者 (H24～H28試験の受験)		平成24年試験	平成25年試験	平成26年試験	平成27年試験	平成28年試験
	受験者	3122				
	合格者	1027				
	合格率	32.9%				

出典は http://www.moj.go.jp/content/000105358.pdf の35頁

学力レベルが時間とともに向上するとしても、合格レベルに達する人数の比率の関係から、1回目よりも2回目、2回目よりも3回目と合格率が低下する事態はありうるからである。そうすると、法科大学院修了直後の者の合格率が最も高いことを理由に上記③を説くことは、実態からすればむしろ我田引水というべきであろう。

　なお、付論として、法科大学院修了後年数を経るごとに司法試験合格のための学力が向上していくということと、法科大学院修了後年数を経るごとに司法試験の合格率が低下するということとが、必ずしも矛盾しないことを、次にさらに具体的に説明しておきたい。

　㋐　前提となるモデル・ケース

　説明を具体的にかつごく単純にするために、まず、司法試験受験者をAからJの10人とし、司法試験に合格する学力のレベルを10段階のうちの7とする。また、司法試験受験者の中には、法科大学院入学前に旧司法試験の受験の勉強をしていた人もいることや、また法科大学院において、法科大学院での授業のための勉強と併行してある程度（新）司法試験のための勉強をする人も当然いることなども考えて、法科大学院の修了が確定した時点で、次の表のように（※）、AからJの10人のうち、AとBとCの3人が学力レベル7、DとEの2人がレベル6、FとGの2人がレベル5、H1人がレベル4、I1人がレベル3、J1人がレベル2であったものと仮定する。さらに、その10人が、司法試験の受験のための勉強により1年ごとにレベルが1つずつ上がるものとも仮定する（最初の年は1年ではなく、法科大学院修了の確定から司法試験受験までの期間とする）。

(イ) モデル・ケースについての検討

	学力レベル			
	修了確定時（※）	1回目（※1）	2回目（※2）	3回目（※3）
A、B、C	7	8（合格）		
D、E	6	7（合格）		
F、G	5	6	7（合格）	
H	4	5	6	7（合格）
I	3	4	5	6
J	2	3	4	5
合格率		50％	40％	33％

　まず、1回目の司法試験では（上の表の※1）、AとBとCがレベル8、DとEがレベル7、FとGがレベル6、Hがレベル5、Iがレベル4、Jがレベル3となるから、レベル7以上の5人（A、B、C、D、E）が合格となる。したがって、10人のうちの5人が合格で、合格率は50％となる。

　その後、1回目に不合格であった5人がその1年後に2回目の司法試験を受ける時の学力レベル（上の表の※2）は、FとGがレベル7、Hがレベル6、Iがレベル5、Jがレベル4となるから、レベル7の2人（FとG）が合格となる。したがって、5人のうちの2人が合格で、合格率は40％となる。

　さらに、2回目にも不合格であった3人がその1年後に3回目の司法試験を受ける時の学力レベル（上の表の※3）は、Hがレベル7、Iがレベル6、Jがレベル5となるから、レベル7の1人（H）が合格となる。したがって、3人のうちの1人が合格で、合格率は33％となる。

　このように考えると、前述のように、各人の学力レベルが時間とともに向上するとしても、合格レベルに達する人数の比率の関係から、1回目よりも2回目、2回目よりも3回目と合格率が低下する事態はありうることになる。

なお、1回目の受験ですでに合格レベルに達している人（上の例でのAからE）の割合が多いことの背景事情としては、一部前述したように、①既修者コースの人と未修者コースの多くの人は、法科大学院入学前に旧司法試験の受験のための勉強をしていて、すでにある程度の学力が身に付いていること、②旧司法試験よりも新司法試験のほうが合格人数が多いから、旧司法試験で合格近くまでの学力があった人はそのままでも新司法試験では合格することもありうること、③法科大学院でも文科省に隠れて一定の受験指導をするようになっていること、④法科大学院の勉強と司法試験の受験のための勉強をある程度両立させることができる人もいること、などが考えられる。

(3)　撤廃する場合の問題点の検討

　受験回数制限を撤廃すると、司法試験の受験者数は増えるので、合格者数を増やさない限り、司法試験の全体の合格率は低下することになる。そうすると、それによって法曹志願者がさらに減少するかもしれない（受験回数制限を維持すべきであるとする立場も、法曹志願者の減少の主な原因が司法試験合格率の低さにあるとすると考え、それをさらに低下させまいとする意図に基づくものと推測される）。そこで、合格率の低下の可能性の点についても検討する必要があると思う。
　しかし、現在のままでも、回数制限によって、多額の借金を抱えたまま受験資格を失うというきわめて大きなリスクがあり、それも大きな一因となって、法曹志願者が減少し続けているのである。それと比べると、回数制限を撤廃した場合には、司法試験の合格率は低下しても受験資格は失わないのであるから、必ずしもその方が法曹志願者がさらに減少するとは即断できないように思われる。
　さらに実質的に考えた場合には、前述のように、司法試験受験者が回数、年数を重ねれば重ねるほど司法試験の合格率は下がるのが実態であるとすると、回数制限を撤廃して、長期にわたって受験する人が

いたとしても、もともと早期に合格する力のある人の合格率は、実質的にはそれほど下がらないように思われる。そして、もし法曹志願者を減少させないよう、司法試験の合格率が下がらないようにするために、回数制限を維持することにするというのであれば、それは回数制限の本来の趣旨とは異なっているわけで、そうである以上、せめて法科大学院生全員に対するアンケートで、現在の制度と司法試験の合格率が低下しても回数制限がない制度とのどちらが望ましいか、という点についての調査程度はすべきであるように思われる。

3 予備試験の受験資格制限の不要等

(1) 予備試験の実施状況等

予備試験は、それに合格すると法科大学院を修了しなくても翌年度の司法試験の受験資格が与えられるという試験である。

最初に実施された平成23年度は、出願者が8971人、受験者が6477人、最終合格者が116人で、受験者の合格率は約1.79％であり、平成24年度は、出願者が9118人、受験者が7183人、最終合格者が219人で、受験者の合格率は、約3.05％であった（法曹養成制度検討会議の第6回会議に事務局から提出された資料1〔http://www.moj.go.jp/content/000105358.pdf〕の171頁および175頁）。平成25年度は、出願者が1万1255人、受験者が9224人（速報値）であったことが報じられたところである。このように低い合格率に抑えられているのは、法科大学院離れをさせないためであると見られる。

しかし、平成23年度の予備試験合格者が受けた平成24年度の司法試験の合格率は68.24％で、どの法科大学院の修了生の司法試験合格率よりも高い値となった（前記資料1の179頁以下）。そして、予備試験は、司法試験法5条1項により、法科大学院を修了した者「と同等の学識及びその応用能力並びに法律に関する実務の基礎的素養を有

するかどうかを判定することを目的と」するというのであるから、予備試験の合格者数が法律の制度以上に抑えられていることは明らかであろう。平成24年度の予備試験合格者が受ける平成25年度の司法試験の合格率はまだ出ていないが、予備試験の合格レベルとして法科大学院修了程度をはるかに超えた程度が要求されてしまわないよう、今後改める必要があると思う。

なお、予備試験の受験科目には、一般教養科目も含まれるが、一般教養科目は法科大学院での授業では扱わないものであるから、その点でも、制度の趣旨と異なり受験者に過重な負担を課するものとなっている。少なくとも、旧司法試験一次試験について認められた免除と同等の制度を設けるべきであろう。

(2) 受験資格を制限すべきであるとする主張とこれに対する反論

予備試験制度は、もともとは司法制度改革審議会の意見書において、「経済的事情や既に実社会で十分な経験を積んでいるなどの理由により法科大学院を経由しない者にも、法曹資格取得のための適切な途を確保すべきである」（同意見書67頁）とされていたものが制度化されたものであるが、法令上は、受験資格が制限されていない。

そして、現行法では、経済的事情や実社会での経験の有無を問わず大学生や法科大学院生も受験できるため、法科大学院を法曹養成制度の中核であることを守ろうとする立場から、司法制度改革審議会の意見書にあったような趣旨に沿って、予備試験の受験者に経済的事情や実社会での十分な経験等を要求するという方向の受験資格制限をすべきである、という主張がされているのである。

しかし、そのような受験資格制限をすべきではないものと考える。その理由として、次の3点を指摘したい。

まず、予備試験の受験資格を制限するということは、予備試験経由で実務家になるのと、法科大学院経由で実務家になるのとで、後者の

方が社会的に価値がある、望ましいと判断していることになる。ただ、法科大学院経由では費用と時間がかかるのに対して、予備試験経由で司法試験に合格できればより安くより早く実務家になれるということになる。

　この点については、さらに、「法科大学院側が『それでも法科大学院に通ったほうがいい』と志願者たちに訴えるためには、『2～3年間の実務経験（収入あり）』よりも『2～3年間の法科大学院での勉強（収入がない上に授業料等の負担あり）』のほうが価値が高いということを証明し、社会の理解を得なければならない」という指摘もある（『NIBEN Frontier』2012年12月号31頁。法曹養成制度検討会議の第7回会議に筆者から提出した資料5〔http://www.moj.go.jp/content/000106175.pdf〕の5頁）。これは、もちろん、その証明ができていないから法科大学院での勉強のほうが価値が高いとはいえない、との含みがあるものと見られる。この指摘は、現状の制度の下で法科大学院離れを食い止めることが困難な事情として示されているのであるが、私は、予備試験の受験資格を制限する合理性を考える場合にも同じことが問題になるだろうと思う。

　そして、私の理解では、前述のように、法科大学院における教育の現状は、一般的に、司法制度改革審議会の意見書が謳ったような理念からかけ離れたものであるから、法科大学院を経由しないで1年でも早く実務の世界に出て実務を学ぼうとする選択は、十分合理的なものであることになる。予備試験について本来の趣旨になっていないとしてその受験資格を制限すべきであるという主張は、法科大学院における教育が本来期待されたものになっていないという事実や、弁護士という職業が本来の魅力に欠けそれほど費用をかけるのに見合わないものになりつつあるという事実を、完全に無視した意見であると思う。

　第2に、予備試験の受験資格を制限すれば法科大学院に入学しようとする人が増えるかというと、必ずしもそうは言えないように思われ

る。もし予備試験の受験資格を制限した場合に、予備試験を受けられなくなった人は、法科大学院に入学しようとするかというと、とくに法科大学院で多額の費用がかかることを考えると、法曹になること自体をあきらめてしまう可能性も高いように思われる。それによって、かえって人材が法曹の世界に集まらなくなるように思われるわけである。

　第3に、すでに一部指摘があるようであるが、私は予備試験がむしろ法科大学院制度を支える機能さえ果たすように思う。

　従来、法学部を卒業しただけでは既修者コースには入学できないのが実情である。既修者コースに入学した者の大半は、旧司法試験の合格を目指して勉強してきた人たちであったと思われる。そして、法科大学院制度を創設したころの状況としては、法学部を中心に大学在学中あるいは大学卒業後に、旧司法試験の合格を目指して勉強する人が多かったので、合格者数の少ない旧司法試験の合格に今一歩という人が既修者コースに入学するということで、既修者コースに入学する人材が確保できていたわけである。

　ところが、現在ではその旧司法試験制度が終了しているので、今後は旧司法試験の合格を目指して法律の勉強をする人自体がいなくなるわけである。そうすると、既修者コースに入学できるだけの法律の力を付ける機会となるのは、予備試験とその先にある司法試験の勉強しかないように思う。つまり、現在、法学部で学生に対してその卒業と同時に法科大学院の既修者コースに入学できるような教育が残念ながらなされていない以上、予備試験と予備試験経由での司法試験の受験のための勉強をした人が、既修者コースの人材の重要な供給源ということにならざるを得ない、と思う。これに対して、例えば予備試験の受験資格を法科大学院への入学がきわめて困難な事情のある人のみに限るとした場合には、「予備試験の合格と法科大学院への入学との両方を念頭に置いて、とりあえず予備試験の合格を目指して勉強する」

という人もほとんどいなくなるわけである。そうすると、法科大学院の既修者コースに入学させるに足りる人材も十分集まらなくなり、また他方の未修者コースの教育はもともと問題が多いということを考えると、私は法科大学院制度による法曹養成がいっそう機能しなくなる可能性が大きいと思う。

　したがって、法学部での教育を既修者コースへの入学につなげられるような形で飛躍的に向上させるということが困難である以上、もし法科大学院を存続させるのであれば、予備試験と共存する方向を考えるしかないように思われる。

　私は、法科大学院の現状では一部を除き残念ながら良い法曹養成ができていないと思っているが、法科大学院制度自体には賛成でも反対でもない。次の世代のために良い法曹養成が行われることを切に願っているだけである。予備試験についても、その受験資格を制限すると、法曹養成がさらに悪化するのではないか、ということを恐れている次第である。

　以上のような理由から、予備試験の受験資格を制限すべきではないと考える。

第4章――――――
司法修習について

1　前期修習の復活

　司法修習の期間については、以前の2年間が1年半になり、法科大学院制度の創設とともに1年となっている。それによって、以前行われていたいわゆる前期修習というものが廃止になってしまっている。私は、司法修習については、とくに司法修習の前期修習が廃止されたという点を問題にしたい。結論としては、これを復活させるべきであると考えている。

　司法修習のかつての前期修習は、司法研修所の教室で行われていたもので、そこでは、実務修習に入る前に、いわゆる白表紙（具体的な訴訟等の事件についての網羅的な書類から成る教材。表紙が白いため「白表紙」と呼ばれる。）に基づいて法的な処理をする訓練が行われていた。そこで身に付けることが求められていたものは、主に、いわゆる要件事実論（どのような事実が権利の発生・消滅等という法律効果が生じるための要件となる事実かを問うもの）と事実認定（どのような証拠からどのような要件事実が認められるかを問うもの）の能力であった。それらは、法律実務においてきわめて重要なものであるからである。

　その前期修習は、法科大学院制度の創設とともに廃止されたのであるが、大方の認識では、前期修習に相当するものは法科大学院で肩代わりすることになると考えられていた。しかし、すでに指摘があるように、現実には、前期修習に相当することは法科大学院では行われて

いない。確かに、法科大学院では、民事実務基礎、刑事実務基礎のような科目で少しは要件事実論や事実認定が扱われるのであるが、前期修習に比べると、時間数や教材等の点で全く不十分である。旧司法試験に合格した司法修習生の場合と違い、法科大学院では基本科目についての学生の知識がまだ足りないため要件事実論や事実認定を理解しにくいことが多い、という事情もある。

　また、司法試験においても要件事実論や事実認定に関することが少しは問われることがあるものの、要件事実論や事実認定という試験科目があるわけではないから、たとえ法科大学院で要件事実論や事実認定についてある程度は勉強したとしても、司法修習の開始までには事実上1年以上のブランクがあって、かなり忘れてしまっている人が多いというのが実情である。そのため、司法修習生になっていきなり実務修習に入っても、基礎的な訓練が足りないため、実務的な書類の読み方、書き方に戸惑うという人がとても多い状況になっている。そういう声は、司法修習生からよく聞くところである。分野別実務修習の始めに簡単な導入的教育をするなど、多少の手当をする努力はされているようであるが、時間的にも内容的にもきわめて限定的なものにとどまっている。前期修習に匹敵するような白表紙の教材を使った要件事実論や事実認定等の十分な学習をしてから実務修習に入るほうが、実務修習の実ももっと上がることは明らかであろう。司法改革でプロセスの重視と言いながら、この点でも法曹養成過程が以前の制度に比べて明らかに悪化している。

　事前の想定では、前期修習に相当することは法科大学院でできるだろうと思われていたのが、実際にはできていないというのであれば、法科大学院、司法試験、司法修習という連携した教育をしなければならない中で、あまりにも大きな連携不足、連携の断絶があると言わざるを得ないと思う。

　したがって、前期修習は復活させるべきである。

2 給費制の復活

かつて行われていた司法修習生の給費制は、現在貸与制に移行してしまっている（裁判所法67条の2）。しかし、直ちに給費制を復活して貸与制の開始に遡って救済すべきである。以下、実態を示す2つのアンケート調査の結果を確認した上で、給費制を復活すべきであるとする理由、貸与制を支持する主張とこれに対する反論を述べたい。

(1) 2つのアンケート調査の結果

まず、日弁連が司法修習生に対して行ったアンケート調査の結果（法曹養成制度検討会議の第3回会議に日弁連から提出された資料4。http://www.moj.go.jp/content/000103610.pdf）によれば、司法修習生になることを辞退しようと考えたことがある者が28.2％おり、その理由として貸与制に移行したことによる経済的な不安を挙げた者が86.1％いたという。実際に、貸与制による経済的不安から、書籍購入・医師にかかることを自粛する、食費を削るというような実態もあるという。

また、給費制復活を目標に運動しているビギナーズ・ネットという団体が、法学部生、法科大学院生を中心に、司法修習生なども対象に含めて行ったアンケート調査の結果（同検討会議の第8回会議に筆者から提出した資料5。http://www.moj.go.jp/content/000106656.pdf）は、「＜過去に『法曹になりたいと思ったことがある』が、その後法曹を目指さなくなった者＞について見ると、法曹を目指さない理由として『経済的負担』を挙げた者の割合は54％であった。」とある（これは複数回答可能な設問であった）。また、「法科大学院生・修了生のうち、給費制から貸与制へと移行したことで『経済的不安が増した』と回答した者の割合が54％、『諦めることも考えた』と回答した者の

割合が28%であった。」とある。さらに、「法科大学院生・修了生の70%が経済的理由によって法曹の道を諦めた人が身近にいると回答した。」ともある。

このアンケートの自由記載欄に書かれた内容で代表的なものをまとめた頁には、貸与制への移行がいかに法曹への道を遠ざける結果になっているかを示す生々しい苦悩の声が、記されている（章末資料6）。

ちなみに、私の教え子で一昨年に司法試験に合格して司法修習生になった人がいるが、司法修習生になる前に会ったときに、「法科大学院の3年間とその後の司法試験合格までの間に、すでに約1000万円もの借金を抱えているのに、さらにこれから司法修習生として約300万円もの借金が上乗せになってしまう。」と言って、きわめて深刻な顔をしていた。これは決して珍しい話ではないと思う。これは、それだけでも、多くの人にこれから法曹になろうとするのを十分尻込みさせる金額であると思う。

(2) 給費制を復活すべきであるとする理由

給費制を復活すべきであるとする理由の第1として考えられるのは、理念的な点である。そもそも、司法修習生については、法曹三者という将来の法曹を支える人的基盤として、給費制を含めて国がその教育環境を十分に整えるべきで、それは憲法上の国の責務・理念として考えるべきである。経済的な負担の不安を除去しなければ司法修習生は安心して修習に専念できないのであり、国には、そのようなことのないように措置を講じて、修習の実を上げ、それによって将来における司法制度の維持発展が現実のものとなるようにする義務がある、ということである。

「裁判所法及び法科大学院の教育と司法試験等との連携等に関する法律の一部を改正する法律」（平成24年法律第54号）に関して、法曹養成制度検討会議による検討に当たり「格段の配慮」を要請した

「裁判所法の一部を改正する法律案に対する附帯決議」の三の2には、「<u>我が国の司法を支える法曹の使命の重要性や公共性に鑑み</u>、高度の専門的能力と職業倫理を備えた法曹を養成するために、法曹に多様かつ有為な人材を確保するという観点から、<u>法曹を目指す者の経済的・時間的な負担を十分考慮し</u>、経済的な事情によって法曹への道を断念する事態を招くことがないようにすること」と記載されている（下線は筆者が付した）。これは、憲法上の要請から給費制を意味すると解すべきである。このような「経済的な事情によって法曹への道を断念する事態」を現実に招いてしまっていることは、前述したとおりである。

　第2に、併せて追加的な理由として政策的な考慮も考えられよう。つまり、司法を支える職業訓練である司法修習の場に資質のある多くの人に集まってもらうために、政策的にもインセンティブとして給費制にする必要がある、ということである。

　ただ、むしろ、現実には、法曹志願者が激減していることが問題であるから、これに対する対策として直ちに執ることができるものとして給費制の復活を考えるべきである。志願者の減少を少しでも阻止する方向に働く方法としては、就職難の解消であるとか、法科大学院の教育力の向上などもあるかもしれないが、それらはすぐに実現できることではないのに対して、給費制の復活はやろうと思えばすぐにできることであるからである。

　なお、平成25年1月までの段階でも、司法修習生や若手弁護士の実情を知る数多くの弁護士会等から、給費制の存続ないし復活を求める声明や決議が相次いで発表されている（章末資料7）。その内容は、司法修習制度の重要性から国の責任を強調するとともに、貸与制の下での司法修習生の苦しい状況、有為で多様な人材が法曹の道を断念する実態などを挙げているものが多いようである。理念や実情を踏まえてそれほど多くの声明や決議がされているということも、ぜひ考慮す

べきであると思う。

(3) 貸与制を支持する主張とこれに対する反論

　貸与制を支持する側の主張としては、①司法試験合格者を増やして司法修習生を増やそうとしても、給費制では財政的な点で大きな支障となってしまうこと、②弁護士となった人の平均所得額の高さから見て、貸与制でも返済するのに問題がないこと、③とくに弁護士志望の人については、企業での社内研修と同じで、税金から給料を支払うのは国民の納得が得られないこと、④給費制を採るべき根拠として司法修習専念義務（裁判所法68条2項）が挙げられるのであれば、司法修習専念義務を撤廃ないし緩和することも考えられること、などが挙げられている。

　しかし、①について言えば、現状はもはや司法試験の合格者を増やせる状況にはないので、そのような指摘は妥当しなくなったと思う。現に、給費制を廃止した後でも、司法試験の合格者は2000人から増えていないだけでなく、むしろ、給費制廃止によってかえって法曹志願者を減少させる結果となってしまっている。法曹人口を大幅に増加させたいとして貸与制にしたところ、法曹志願者が激減しているというのは、皮肉な結果である。

　私は、このような結果になっていることは、法曹人口を急激に増やしたいという立場、ないしは法科大学院の現状を肯定する立場にとっても不都合な事態ではないかと思う。法曹人口をどうするかという点については考え方が大きく分かれているわけであるが、法曹志願者を増やしたいという点では大方の意見の一致を見ているのであり、そういう立場からすれば、私は、法曹志願者を減らす方向に働く貸与制を続けることに反対するのが当然であると思う。借金を重ねる司法修習生は、その不安の中で、就職難にも立ち向かわなければならない状況に置かれているわけで、多くは法科大学院の修了生でもある司法修習

生をこれだけ痛めつけることを是としながら、法科大学院への志願者の現状を食い止めようとしても、それは無理があろう。

　また、②については、仮にその判断の根拠となった資料（法曹養成に関するフォーラムの第3回会議に提出された参考資料2の「司法修習終了者等の経済的な状況に関する調査」集計結果。http://www.moj.go.jp/content/000077036.pdf）の資料価値に対する疑いは措くとしても、その資料の基になった弁護士らは安定した収入のある状況にあるということが前提となっている。しかし、現在は若手の弁護士については大変な就職難となっているわけで、平均所得も相当に減少している。日弁連の機関誌である『自由と正義』にも、修習の期が若くなればなるほど、例えば年収500万円以下の弁護士が増えていることなどが示されているし（63巻5号〔2012年5月号〕8頁以下）、平成24年2月の政府の統計資料を基に、弁護士の平均年収が前の年に比べて半減したという試算も民間団体から示されている（http://nensyurank.fmd4.com/ranking）。本書の第1章の3でも引用したように、平成23年の個人事業主としての弁護士について、約22％の弁護士の所得が年間100万円以下で、約19％の弁護士の所得が100万円を超え500万円以下である、と報じられたところである。こういう傾向からすれば、さらに今後も収入が減少していくことが十分予想されるのであり、給費制を廃止したときの前提とは現在は事情が大きく異なっている。したがって、就職難の状況になかった弁護士の平均所得額の高さという論拠も、現在では妥当しなくなっていることになる。

　上記の③も、司法修習生を特別扱いするなというニュアンスでよく言われることがある。

　しかし、司法修習生は、裁判官志望、検察官志望、弁護士志望であっても、将来どうなるか分からないのである。司法修習修了時に法曹三者に分かれるというだけではなく、司法修習修了後も、法曹の別の世界に移ることが十分ありうるのである（前述のように、私自身、

裁判官と弁護士を経験している)。また、法曹三者のどれになるとしても、司法を担う以上質の高い法曹養成を行うために法曹三者全体のことを学ぶ必要があるとして、法曹三者に分かれる前に統一的な職業訓練が行われているのである。したがって、国民の多くが国民にとっての法曹養成の重要性を知れば、司法に人材が集まらなくなるような貸与制を前提とする司法修習のほうこそ、望まないはずであると思われる。

　納税者の納得という点からは、むしろ、前述のように、法科大学院が、法曹養成機関であるにもかかわらず、その多くの教員が司法試験に合格しておらず受験指導もできないというのが実態で、国民の多くがその実態を知らされることなく、そこに多額の税金が補助金として交付されていることこそ、問題とされるべきであろう。

　最後に、上記の④は、ある意味では折衷的な考え方であるとも言えよう。

　しかし、私は、司法修習の実を上げるために司法修習専念義務はやはり必要なことであると思っているので、給費制でないからといって専念義務を外すべきであるとは思っていない。ただ、一方で、アルバイト等が司法修習専念義務に違反するとして禁止されているのに、他方で、司法修習中も借金を重ねる不安の中で就職難から大変な就職活動を強いられているというのは、貸与制も一因となって司法修習に専念するのが事実上かえって困難な状況になっていて、不合理なことになっているように思われる。その意味で、司法修習生に事実上もより修習に専念してもらえるようにするためにも、給費制が必要なのであると思う。給費制にしたからといってもちろん就職難の解消になるわけではないが、さらに約300万円もの借金を抱えるのかどうかという点は、就職活動に当たっての不安感に大きく影響するものと考えられる。

資料6　給費制問題や法曹養成制度についての意見（自由記載）

[大学生の声]

- 給費制度は、日本の司法の未来のために残すべき。（大学1年生・法学部）
- 経済的理由で法曹を目指すのをやめました。大学に入るのにも奨学金を借りている方は貸与制になったことで法曹を目指しにくくなったのではないかと思います。法曹を育成するためにも、貸与制ではなく給付制に戻したほうがいいと私は思います。（大学4年生・法学部）
- 実際に法曹の道を諦めた友達をみて、経済的にも時間的にも負担が大きい今の制度では、多様な人材どころか、優秀な人材すらとうてい集まらないと強く感じた。もし弁護士になったとしても、借金を抱え、自らの生活すらままならない者が、社会的正義の実現なんかできるのか疑問。（大学3年生・法学部）
- 法曹を目指すための金銭的負担が他の進路に比べて重すぎる。法科大学院修了が法曹となるための前提となっているのに、司法修習中の生活費まで借金をすることになると、法曹としてのスタートが金銭的に大きくマイナスの状態になってしまう。なおかつ弁護士の就職難や、収入減の現状に鑑みれば、法曹を目指すということがあまりにリスキーな選択肢になってしまっている。（大学3年生・法学部）
- 経済的にだいぶ不安があるので、小さい頃からの夢とはいえ、この話を聞くと少し迷ってしまう部分があります。でも僕は弁護士への道を諦めたくはないので、給与制にしてほしいなと思います。（大学3年生・法学部）

[法科大学院生、同修了生の声]

- 経済的な事情から、すでに大学からロースクールにかけて、相当の奨学金貸与を受けており、最終的には600万を超える返済が必要です。それでも夢を諦めたくないため勉強を続けていますが、正直経済的不安は考えるのが嫌になるほど感じています。（法科大学院在学生）
- 私は、とある政令指定都市の市役所に本年度合格しました。司法制度が給費制廃止も含めて崩壊している現状において、もはや司法試験に合格したとしても、法曹になろうとは現時点で思いません。（法科大学院在学生）
- すごく優秀で志もあり、人間性も優れている同級生が、法科大学院の学費・生活費・給費制終了のために、法曹への道を断念する姿を、何度も目にしてきました。私自身も、親の援助があるから何とかやっていけているだけで、もしも親が貧しければ、あきらめていたと思います。財政的に恵まれている人物だけ

が法曹になるという事態が生じるのではないでしょうか。(法科大学院在学生)
- 法曹の養成は社会全体の利益にかかわる問題なので、修習くらいは国費でまかなって欲しい。個人の負担には限界がある。(法科大学院在学生)
- 合格者が2000人にとどまっていながら、貸与制に移行するのは、立法事実に合理性が無くなっているのではないか。貸与制に移行するのであれば、せめて修習生の修習専念義務を課さないようにするなどの配慮が必要ではないか。(法科大学院修了生)
- 多様な人材の確保などと謳っておきながら、制度設計は親に仕送ってもらいながら金銭負担に問題ない24才くらいでストレートで合格していく者を想定したものになっている。これでは多様性確保は絵に描いた餅だと思う。(法科大学院修了生)
- 私は、非法学部で純粋未修で法曹を目指しました。ロースクール進学を親に相談したとき、経済的事情から、とても強く反対されました。ロースクールは、国立でも通常の大学院の倍学費がかかります。更に合格しても、まるまる1年修習が義務づけられるのにもかかわらず、そこでの収入が全くないとなると非常に苦しい状況です。忙しいロースクール時代にもずっとアルバイトをして、奨学金で生活費をまかなっていました。修習の貸与と合わせると、社会人になる時点で借金は1000万円を超えます。結婚や出産もしたいと思っていますが、それよりもまずは自分の借金をかえしていかなければと考え、特に出産のタイミングを悩ましく思っています。(法科大学院修了生)
- 裕福な家の出身者でなければ弁護士になれない現在の制度には疑問を感じます。私は法曹となったのちは、社会的弱者を守る弁護士を目指していましたが、現在の制度のもとではまずは自己の多額の借金返済を目標にせざるを得ません。(法科大学院修了生)

[66期司法修習予定者（今年の司法試験合格者）の声]

- 今年の司法試験に受かり、66期修習予定者です。家庭に余裕がないため、貸与申請を行ないます。今、1番の心配は、司法修習で地方に行くことにならないか、です。実家から通えるならまだしも、地方修習になると金銭的負担が多くなり、たとえ弁護士になっても、借金返済のため儲かる仕事を優先せざるを得なくなりそうでとても心配しています。そもそも、私は弱者の立場に立って人権活動をしたいがために弁護士を目指しました。しかし、今の制度ではそれが叶わないのではないかと、思っています。そうすると、なんのために弁護士になったのか、全く無意味に思えて仕方ありません。
- 私は、今年合格しました第66期司法修習予定の者です。法曹になることをずっ

と応援してくれていた両親も、貸与制になったことや就職難等の理由により最近は公務員になることを強く勧めてくるようになりました。今年合格したにもかかわらずです！　そのような両親の意向も無視できず、また自分としても法科大学院での奨学金に加え、貸与制で更に300万円程度借金を背負うことに不安があるので、現在は司法試験合格者対象の国家総合職試験法務区分を受験しています。もしこちらに合格した場合には、公務員になることも選択肢に入れています。修習生の経済的な負担は本当に大きなものです。一日でも早く給付制に戻ることを切に期待しています！

[新65期司法修習生の声]

- 新第65期修習生としてある地方へ配属されました。実家から通える修習地を希望しましたが認めてはもらえず、この配属先で単身で暮らすことになりました。実家に帰ろうとすれば、鉄道を使って半日はかかるところです。そうして始まった修習でしたが、その期間中に親が亡くなりました。当然ながら実家に帰る必要があるものの、その交通費は借金で工面することになりました。修習生には給与は払われていないので、貸与資金から支出するしかないのです。辞令で実家から離れたところでの修習になったというのに、亡くなった親のところへ戻る交通費は借金で払うのが今の仕組みです。生前に交流のあった方々が故人を悼むのも自然な感情で、不相応なお金はかけられないにしてもお葬式をあげました。その費用も分担しましたが、給与をもらってないのですから貸与資金から出すしかありません。司法制度を運営する国の責任として法曹養成の過程にあるのに、身内の葬儀にかかる費用は借金をしてまかなうのです。
- 私は、学部及び法科大学院に奨学金によって進学しました。さらに、貸与制によって借金は総額約1000万円に上ります。私は、ただ弱者の力になりたいという一心で努力してきました。にもかかわらず、国の身勝手な政策によってこれだけの経済的負担を負うことには納得がいきません。現在も、アルバイトをしながら生活費を賄っています。親は自己の借金も抱えているため、頼ることはできません。貸与制は、貧乏人は法曹になるなという理不尽な制度としか思えません。それでも私は法曹になる夢を諦めたくはない。

[司法試験合格後、一般企業で働いている方の声]

- 経済的に困難なため、法科大学院修了後、一般企業に就職せざるをえなかった。司法試験には合格したものの、司法修習に行く資金がなく、現在は司法修習に行けておりません。給費制が復活したらすぐに企業をやめて司法修習に行きたいです。

資料7 2011年〜2013年に発表された給費制の存続・復活を求める弁護士会等の声明・決議一覧

(2013年1月24日現在)

日付	弁護士会	タイトル
2011年		
1月10日	熊本県弁護士会	司法修習生の給費制を1年延長する「裁判所法の一部を改正する法律」成立にあたっての会長声明
1月11日	第一東京弁護士会	司法修習貸与制施行延期に関する「裁判所法の一部を改正する法律」の成立にあたっての会長声明
1月12日	滋賀弁護士会	給費制1年延長に関する会長声明
1月13日	茨城県弁護士会	司法修習生の給費制永続化を求める会長声明
	広島弁護士会	給費制維持の会長声明
1月14日	埼玉弁護士会	給費制1年延長と今後の課題に関する会長声明
1月25日	沖縄弁護士会	司法修習生に対する給費制を1年間延長する「裁判所法の一部を改正する法律」の成立にあたっての会長声明
2月1日	群馬弁護士会	司法修習給費制の存続に関する会長声明
2月4日	第二東京弁護士会	司法修習生の給費制存続に関する法改正についての会長声明
2月16日	奈良弁護士会	司法修習生の給費制を1年延長する「裁判所法の一部を改正する法律」成立についての会長声明
2月24日	長野県弁護士会	(会長声明) 司法修習生貸与制施行延期に関する裁判所法一部改正にあたって
3月1日	広島弁護士会	司法修習生の修習資金貸与制を廃止し、給費制の復活を求める決議
7月7日	宮崎県弁護士会	司法修習生「給費制」の維持を求める会長声明
7月13日	岡山弁護士会	給費制の存続を求める会長声明
8月11日	横浜弁護士会	司法修習生の修習費用給費制存続を強く求める会長声明
8月31日	日本弁護士連合会	法曹の養成に関するフォーラム第一次取りまとめにあたっての会長声明
9月2日	愛知県弁護士会	法曹の養成に関するフォーラム第一次取りまとめにあたっての会長声明
9月8日	札幌弁護士会	法曹の養成に関するフォーラム第一次取りまとめに関する会長声明
9月16日	埼玉弁護士会	法曹の養成に関するフォーラム第一次取りまとめに関する会長声明
9月29日	広島弁護士会	法曹の養成に関するフォーラム第一次取りまとめに対する会長声明
10月20日	茨城県弁護士会	法曹の養成に関するフォーラム第一次取りまとめに関する会長声明
11月11日	仙台弁護士会	貸与制施行に反対し、今国会での裁判所法改正による給費制存続を求める会長声明

日付	弁護士会	タイトル
2012 年		
2 月 9 日	秋田弁護士会	法曹養成制度の全体的な見直しと給費制復活に関する会長声明
3 月 22 日	横浜弁護士会	法曹養成制度の見直しを検討する間は給費制を維持することを求める会長声明
3 月 29 日	札幌弁護士会	司法修習生に対する給費制の存続を求める会長声明
7 月 27 日	沖縄弁護士会	司法修習生の給費制復活を求める会長声明
8 月 4 日	山梨県弁護士会	「裁判所法の一部を改正する法律」の成立に伴い司法修習生の給費制の復活を求める会長声明
8 月 9 日	埼玉弁護士会	裁判所法の一部を改正する法律案の成立に関する会長声明
8 月 31 日	佐賀県弁護士会	司法修習費用の給費制復活を求める会長声明
9 月 10 日	静岡県弁護士会	「裁判所法の一部を改正する法律」の成立に伴い司法修習生に対する給費制の復活を求める会長声明
9 月 24 日	秋田弁護士会	司法修習費用の給費制復活を求める会長声明
11 月 7 日	福岡県弁護士会	司法修習生の修習資金の給費制復活を求める会長声明
11 月 14 日	横浜弁護士会	司法修習生に対する給費制の復活を求める会長声明
11 月 27 日	日本弁護士連合会	給費制復活を含む司法修習生への経済的支援を求める会長声明
11 月 30 日	愛知県弁護士会	司法修習生への給費制の復活を含む適切な経済的支援を求める会長声明
12 月 12 日	千葉県弁護士会	司法修習生の給費制復活を求める会長声明
	広島弁護士会	給費制復活を含む司法修習生への経済的支援を求める会長声明
12 月 13 日	仙台弁護士会	司法修習生に対する修習費用給費制の復活を求める会長声明
12 月 14 日	札幌弁護士会	司法修習生に対する給費制の復活を求める会長声明
	長崎県弁護士会	給費制復活を含む司法修習生への経済的支援を求める声明
12 月 15 日	兵庫県弁護士会	司法修習生の修習費用に対する給費制復活を求める会長声明
12 月 18 日	東京弁護士会	給費制の復活を含む司法修習生への経済的支援を求める会長声明
	群馬弁護士会	給費制復活を含む司法修習生への経済的支援を求める会長声明
	宮崎県弁護士会	司法修習生に対する修習資金の給費制復活を求める総会決議
12 月 19 日	函館弁護士会	司法修習生に対する給費制の復活を求める会長声明
	香川県弁護士会	司法修習生に対する給費制の復活を求める会長声明
12 月 25 日	大分県弁護士会	司法修習生に対する給費制復活を求める会長声明
12 月 27 日	第二東京弁護士会	給費制の復活を含む司法修習生への経済的支援を求める会長声明
	和歌山弁護士会	給費制復活を含む司法修習生への経済的支援を求める会長声明

日付	弁護士会	タイトル
2013 年		
1 月 9 日	大阪弁護士会	司法修習生に対する給費制の復活を求める会長声明
1 月 11 日	秋田弁護士会	給費制復活を含む司法修習生への経済的支援を求める会長声明
1 月 12 日	山梨県弁護士会	司法修習生に対する給費制の復活を求める会長声明
	長野県弁護士会	給費制復活を含む司法修習生への経済的支援を求める会長声明
1 月 15 日	旭川弁護士会	司法修習生に対する経済的支援を求める会長声明
1 月 18 日	第一東京弁護士会	給費制復活を含む司法修習生への経済的支援を求める会長声明
	九州弁護士会	連合会第 8 回法曹養成制度検討会議に関する声明
1 月 21 日	鹿児島県弁護士会	給費制復活を含む司法修習生への経済的支援を求める会長声明
1 月 23 日	栃木県弁護士会	司法修習生に対する給費制の復活を求める会長声明
	岡山弁護士会	司法修習生に対する給費制の復活を求める会長声明
1 月 24 日	京都弁護士会	司法修習生に対する給費制の復活を求める会長声明

第 5 章

終わりに

　いうまでもなく、この約10年にわたる司法改革は、司法制度改革審議会の意見書を指針として行われてきたところであり、法曹養成制度の改革についてもそうであった。同意見書については、今でも金科玉条のバイブルであるかのように考えている向きもある。

　しかし、同意見書は、例えば、①法曹需要がその後顕著に増大すること、②法科大学院がその法曹需要に対応できる法律実務家を質的にも量的にも養成することができる教育力を有すること、を当然の前提としていたところ、その2点についてはいずれも少なくとも結果的に正しい認識ではなかった、ということになる。

　考えてみれば、法科大学院を擁護する立場からは、同意見書の理念や認識を援用する形で、法曹人口を大幅に増やすべきであるとの主張、受験指導の禁止の主張、司法試験の受験回数制限を維持すべきであるとの主張、予備試験の受験資格を制限すべきであるとの主張、司法修習における貸与制を支持する主張などがなされてきた。しかし、それらの主張は、本書における各論点についての説明から分かるように、法科大学院擁護論としてさえも大きな矛盾を抱えたものになっている。また、少なくとも上の2点について同意見書の事実の認識が正しいものではなかったことが判明した以上、同意見書に依拠するだけでは、制度と現実の差は開く一方となろう。

　良い法曹養成をするためには、良い人材を集めて良い教育をする必要があるが、現在はその2点ともうまくいっていない状態にある。法科大学院の不人気は広がりを見せ、法学部への進学希望者さえも減っているようである。とくに、法曹志願者の激減という現実は、法科大

学院制度を破綻させるのに十分なものであるが、それによって司法を破綻させてはならないのであり、我が国の司法をこそ守るために、法科大学院制度を含めて法曹養成制度を本当に抜本的に見直さなければならないのである。

　その方向としては、現実の事態を直視した上で、「未来の司法を担うに値する者として資質のある人材を集め、法科大学院の教員であるか予備校の講師であるかなどを問わず実質的に実務家養成教育をすることができる者が、その人材に対して実務家養成として無駄のない強力な教育をする」という法曹養成制度を考えるべきであろう。本書で述べた私の意見が、そのための何らかの示唆となるのであれば幸いである。

和田吉弘（わだ・よしひろ）
東京大学法学部卒業
東京大学大学院法学政治学研究科修士課程（民事訴訟法専攻）修了（同課程在学中に司法試験合格）
東京大学大学院法学政治学研究科博士課程（民事訴訟法専攻）単位取得退学
司法修習生、明治学院大学法学部助教授、東京地方裁判所判事、青山学院大学大学院法務研究科（法科大学院）教授等を経た後、現在弁護士
［著書］
『新版 司法試験論文本試験過去問 民事訴訟法』（辰已法律研究所・2005年）
『民事訴訟法から考える要件事実』（商事法務・2009年）
『基礎からわかる民事執行法・民事保全法〔第2版〕』（弘文堂・2010年）
『基礎からわかる民事訴訟法』（商事法務・2012年）

緊急提言 法曹養成制度の問題点と解決策──私の意見
2013年6月10日　　初版第1刷発行

著者 ──── 和田吉弘
発行者 ──── 平田　勝
発行 ──── 花伝社
発売 ──── 共栄書房
〒101-0065　東京都千代田区西神田2-5-11 出版輸送ビル2F
電話　　　03-3263-3813
FAX　　　03-3239-8272
E-mail　　kadensha@muf.biglobe.ne.jp
URL　　　http://kadensha.net
振替 ──── 00140-6-59661
装幀 ──── 佐々木正見
印刷・製本 ─ シナノ印刷株式会社

Ⓒ2013　和田吉弘
ISBN978-4-7634-0669-9 C0036

司法崩壊の危機──弁護士と法曹養成のゆくえ

鈴木秀幸、武本夕香子、立松 彰、
森山文昭、白浜徹朗、打田正俊　著
　　　　　　　本体 2200 円＋税

●このままでは司法は衰退する！
法学部の不人気、法科大学院志願者の激減と予備試験への集中、法科大学院生・修習生が抱える高額の借金、弁護士過剰と就職難──司法試験合格者 3000 人の目標撤回だけでは何も解決しない。弁護士人口の適正化と法曹養成制度の抜本的な見直しが必要ではないのか？　法曹養成制度検討会議の現状認識と見識を問う。

アメリカ・ロースクールの凋落

ブライアン・タマナハ　著
樋口和彦、大河原眞美　共訳
　　　　　　　本体 2200 円＋税

●日本の法科大学院のモデルになったアメリカ・ロースクールの惨状
高騰する授業料、ロースクール生の抱える高額の借金、法律家としての就職率の低下、ロースクールへの志願者の減少、格付け競争のもたらした虚偽の数字操作……。ここ数年の間に暴露されつつあるアメリカ・ロースクールの危機的状況を、ロースクール学長を務めた著者が、自らの体験を踏まえて怒りを持って告発！